大学生
安全教育

主　编　崔晓奎

副主编　王兴云　蒋学强　冯　林　童晓宇　武宇坤
　　　　李　鑫　刘义光

编　委　胡　宝　成平广　陈登祥　谯新风　刘　俊
　　　　李霁月　刘　畅　胡光楠　肖雨诗　雷　泽

重庆大学出版社

内容提要

本书紧密结合高校和大学生实际，从防火防盗、防骗防抢、国家安全、公共安全、人身安全、财产安全、心理安全、交通安全、紧急救护、网络安全、实验室安全、防灾减灾等方面，全面系统地介绍了大学生安全教育所涉及的内容，旨在帮助大学生增强安全防范意识，提高自我防范能力，同时为高校安全教育工作提供教辅材料。

本书内容丰富、语言活泼、案例多样、配图生动、贴近生活实际，让读者在趣味阅读中收获知识，是一本适合大学生的安全知识读本。

图书在版编目（CIP）数据

大学生安全教育 / 崔晓奎主编. -- 重庆：重庆大

学出版社, 2025. 8. -- ISBN 978-7-5689-5637-6

Ⅰ. G645.5

中国国家版本馆CIP数据核字第202577G5F3号

大学生安全教育

DAXUESHENG ANQUAN JIAOYU

主　编　崔晓奎

副主编　王兴云　蒋学强　冯　林　童晓宇　武宇坤　李　鑫　刘义光

责任编辑：龙沛瑶　　版式设计：龙沛瑶

责任校对：谢　芳　责任印制：张　策

*

重庆大学出版社出版发行

社址：重庆市沙坪坝区大学城西路21号

邮编：401331

电话：（023）88617190　88617185（中小学）

传真：（023）88617186　88617166

网址：http://www.cqup.com.cn

邮箱：fxk@cqup.com.cn（营销中心）

全国新华书店经销

重庆正文印务有限公司印刷

*

开本：889mm×1194mm　1/32　印张：4.625　字数：115千

2025年8月第1版　2025年8月第1次印刷

ISBN 978-7-5689-5637-6　定价：20.00元

本书如有印刷、装订等质量问题，本社负责调换

版权所有，请勿擅自翻印和用本书

制作各类出版物及配套用书，违者必究

人类社会的发展史也是一部安全文化的发展史。从原始族群为躲避自然灾害和野兽攻击而群居生活到现代信息社会的高科技成果广泛应用于灾害预防与控制，安全不仅是人类最基本的生存需求，更在当今的生产生活中扮演着越来越重要的角色。

在我国星汉灿烂的历史长河中，蕴含着丰富的安全文化，如孔子在《论语》中倡导人身安全大于财产安全，这种"以人为本"的价值观念对后世产生了深远的影响；又如《左传》中记载："居安思危，思则有备，有备无患"，大意是说：越是身处安乐的环境，越要提高警惕，以防祸患发生。这些思想都被后世发扬光大，对现代社会依然具有指导意义。

安全素养是指自然人具备的应对灾难和危险的知识、技能以及规避风险的综合文化素养，也是当代大学生应当具备的最基本的素养。然而大学生由于缺乏相应的知识储备，缺乏社会实践经验，各类安全事件时有发生，部分人甚至走向了犯罪的深渊，因此学习提升安全文化素养就显得尤为必要。

本书以章为单位，内容涵盖了国家安全、公共安全、人身安全、财产安全等九大安全教育体系，基本覆盖了大学生校内外生活的方方面面。在每一小节设置了"案例导读"，通过"以案说法"的方式帮助读者了解本节内容概况，进而以"知识广角""法律链接"为切入点，在扩充知识面的同时加深内容理解；最重要的板块则是"防范应对课堂"，不仅有丰富的防范应对知识，读者还可以通过"扫一扫"观看我校师生自导自演的安全教育短片，内容非常有针对性，并且生动有趣。最后，则以提问的方式与读者开展互动，强化知识结构，最终提升读者的安全文化素养。

　　本书在编写和出版过程中得到了高校同人的支持，并借鉴参考了其他专家学者的论著，在此一并致谢。

　　平安是最大的智慧，希望各位读者朋友通过此书有所收获，有所感悟，愿今后的生活幸福安康。

编　者

2025 年 7 月

你会报警求救吗

1. 公安部门报警电话：110

①报案范围：所有情况均可拨打。

②报案的正确方式：

★拨通电话，向警方说明案发时间、详细地点和案件简要情况。

★根据警方提示，在现场采取必要控制措施。

2. 短信报警：12110

①适用情况：

★听力和语言残障人士。

★不方便电话语音报警的特殊情况：如在公交车或客运汽车上遭遇抢劫、扒窃、诈骗等违法犯罪活动，被绑架、非法拘禁等人身自由受到限制，身处赌博、贩毒等复杂场所，以及其他不方便电话语音报警的情况。

★转发网络短信诈骗信息（收到诈骗短信、虚假信息、敲诈勒索、恐吓短信、骚扰信息等）。

②报警方式：

尽可能简要、准确地写明事件性质、地点和时间等要素，以方便警方准确、快速实施救援。如果家中遇到小偷，可编辑"××县×街道（小区）×幢×单元××（房号），现有小偷"报警。

3. 急救中心求救电话：120

①急救范围：各种突发的严重疾病和受伤。

②求救的正确方法：

★说明病人或伤者所处的详细地点、生病和受伤情况。

★不要随意移动病人和伤者，以免造成二次伤害。

★根据医生指示采取急救措施。

★可到路口迎接救护车，以免延误时间。

★待医生到场后详述病人或伤者既往病史、过敏史、血型等基本情况。

4. 消防报警电话：119

①报警范围：各种火灾。

②为确保消防部门根据不同险情采取相应准备，应说明以下情况：

★时间、详细地点、火势情况、险情类别。

★燃烧物种类和火灾现场情况（周边有无危险品等）。

★人员伤亡情况。

★火灾现场的道路情况。

★留下姓名及联系方式，随时保持联系。

5. 交通事故报警电话：122（高速公路报警救援电话：12122）

①报案范围：各类交通事故。

②报警需要说明的情况：

★时间、详细地点、事故类型。

★人员伤亡、交通拥堵情况及造成的其他隐患情况。

★留下姓名及联系方式，随时保持联系。

③报警后应设置警示标志，将人员疏散至安全地带，抢救伤员。

如何紧急呼救

处于危险状况下，又没有通信工具时，应及时发送简易求救信号，力求在最短的时间内获得救助。方法如下：

①声响求救信号。采取大声喊叫、吹响哨子或敲击物品等方法发出声音，引起路人的注意。

②光线求救信号。利用手电筒、镜子反射太阳光等方法，反复照明。

③投掷软物求救。在高楼遇到危难时可以抛掷软物，如枕头、塑料空瓶等，向地面发出求救信号。

④烟雾求救信号。当在野外遇到危难时，白天可燃烧树枝等植物发出烟雾，晚上可点燃干柴等可燃物发出明亮闪烁的红色火光，向周围发出求救信号。

⑤字样求救信号。在野外可以用树枝、石块等在空地上摆出 SOS 或其他求救字样。SOS 是国际通用摩尔斯电码呼救信号，可通过声响、闪光灯等形式发出三短三长三短求助信号。

目录

序言 安全文化教育概述

★ 案例导读

　　1986 年 4 月 26 日，切尔诺贝利核电站的第四发电机组爆炸，核反应堆全部炸毁。由于没有掩体防护装置，大量放射性物质泄漏，辐射危害严重，导致 31 人当场死亡，之后 15 年内有 6 万～8 万人死亡，320 万人因泄漏的放射物身患各种疾病，其中包括 47.3 万儿童，核电站方圆 30 千米地区内的民众被迫疏散。

切尔诺贝利核电站事故现场的鸟瞰图，拍摄于 1986 年 5 月。

知识广角

安全文化的定义及特征

　　1986 年国际原子能机构（IAEA）召开"切尔诺贝利核事故"评审会，第一次提出"安全文化"，并在 1991 年出版的《核安全文化》（INSAG-4）报告中具体阐释了安全文化的定义：安全文化是指存在于单位和个人中的种种素质和态度的总和。随着对安全文化认知的不断丰富，中华人民共和国应急管理部宣教中心的专家认为：所谓的安全文化是人类在生产生活过程中形成的，保护人生命和健康且被广泛认同和共享的安全理念、安全制度、安全行为和安全环境的总称。

安全文化的核心是保护人的生命和健康，强调以人为本；特征是被人们广泛认同和共享，具有显著的文化属性；要素是安全理念、安全行为和安全环境。其中，安全理念是核心，安全行为是关键，安全环境是保障。

防范应对课堂

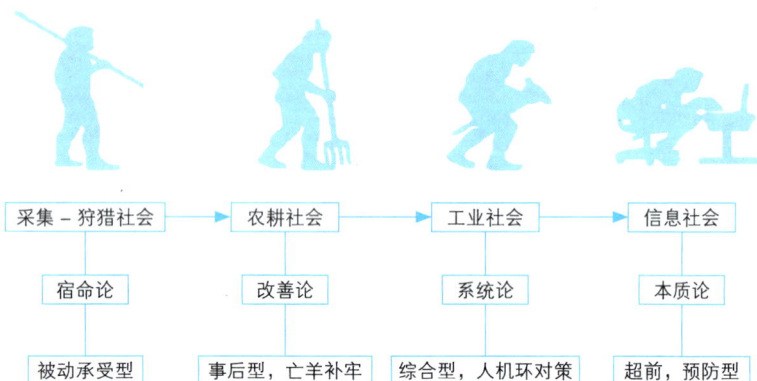

采集－狩猎社会	→	农耕社会	→	工业社会	→	信息社会
宿命论		改善论		系统论		本质论
被动承受型		事后型，亡羊补牢		综合型，人机环对策		超前，预防型

（1）安全文化的发展历程

采集－狩猎社会：人类活动以采集和狩猎为主，生产力与科技水平极度落后，普遍存在着宿命论的观念，面对灾难只能被动承受，尽可能避免出行伤害和维护住所安全。

农耕社会：文字、城镇的出现为传播、发展安全文化创造了有利条件，应对安全问题也从被动接受到事后逐步改善。

工业社会：随着工业社会的发展和技术的不断进步，人类对安全问题的认识进入系统论阶段，面对自然或人为灾害能够提出综合性、系统性的解决策略。

信息社会：高科技成果不断应用到生产生活的各个方面，信息化社会出现。人类从安全的本质出发，对各种潜在的危害或威胁进行超前的、系统的预防和控制。

（2）优秀的传统安全文化

1）孔子的"以人为本"思想

《论语·乡党》记载："厩焚，子退朝，曰'伤人乎？'不问马。"马与人哪个重要？这在当今社会似乎不言而喻，但在物质匮乏的春秋时代，孔子能够秉持"以人为本"的思想，认为人的生命价值大于财产，这对后世的安全观念指明了方向，并产生了深远的影响。

2）《易经》的"趋吉避凶"思想

《易经·系辞》记载："圣人设卦观象，系辞焉而明吉凶，刚柔相推而生变化。"这主要强调人们在处理事物发展过程中的各种矛盾关系时，必须顺应事物发展变化的规律，注重和谐、协调、平衡，做到不偏执、不过激，从而达到趋吉避凶的目的。

3）《左传》的"居安思危"思想

《左传·襄公十一年》记载："居安思危，思则有备，有备无患，敢以此规。"处在安乐的环境中，要想到可能有的危险，要提高警惕，防止祸患发生。居安思危的思想对后世产生深远的影响：魏征、司马光等继承发扬了"居安思危"的思想精华。

（3）当代安全文化观

1）马斯洛需求层次理论

马斯洛需求层次理论是由美国心理学家亚伯拉罕·马斯洛 1943 年在《人类激励理论》一文中所提出的。文中将人类需求像阶梯一样从低到高按层次分为五种，分别是：生理需求、安全需求、社交需求、尊重需求和自我实现需求。其中安全需求包括要求社会环境安全、生命财产得到保护，摆脱失业的威胁、生活有保障，病有所医等。马斯洛认为，整个有机体是一个追求安全的机制，人的感受器官、效应器官、智能和其他能量主要是寻求安全的工具，甚至可以把科学和人生观都看成满足安全需要的一部分。

马斯洛需求层次理论（模型）

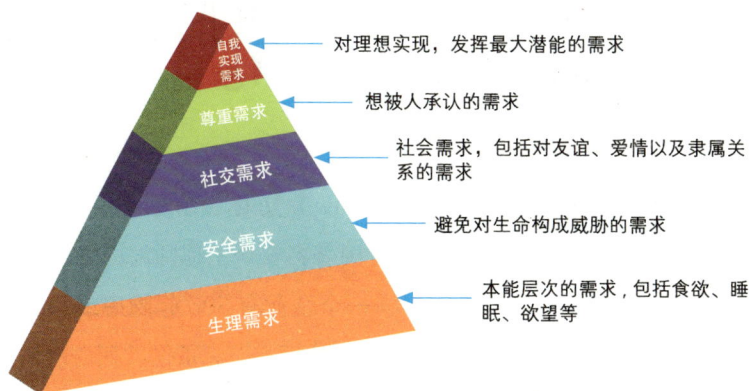

- 自我实现需求 → 对理想实现，发挥最大潜能的需求
- 尊重需求 → 想被人承认的需求
- 社交需求 → 社会需求，包括对友谊、爱情以及隶属关系的需求
- 安全需求 → 避免对生命构成威胁的需求
- 生理需求 → 本能层次的需求，包括食欲、睡眠、欲望等

2）墨菲定律

"墨菲定律"是一种心理学效应，是由爱德华·墨菲提出的。墨菲定律的主要内容：①任何事都没有表面看起来那么简单。②所有的事都会比你预计的时间长。③会出错的事总会出错。④如果你担心某种情况发生，那么它就更有可能发生。

墨菲定律告诉我们，容易犯错误是人类与生俱来的弱点，所以，我们在事前应该是尽可能想得周到、全面一些，如果真的发生不幸或者损失，就笑着面对吧，关键在于总结所犯的错误，而不是企图掩盖它。

3）海因里希法则

海因里希法则（Heinrich's Law）又称"海因里希安全法则""海因里希事故法则"，是美国著名安全工程师海因里希提出的 300∶29∶1 法则。意为：当一个企业有 300 起隐患或违章，则很可能要发生 29 起轻伤或故障，另外还有 1 起重伤、死亡事故。这一统计规律表明了在进行同一项活动时，无数次意外事件，必然导致重大伤亡事故的发生。重伤和死亡事故虽有偶然性，但是不安全因素或动作在事故发生之前已暴露过许多次，如果在事故发生之前，抓住时机，及时消除不安全因素，许多重大伤亡事故是完全可以避免的，否则终会酿成大祸。

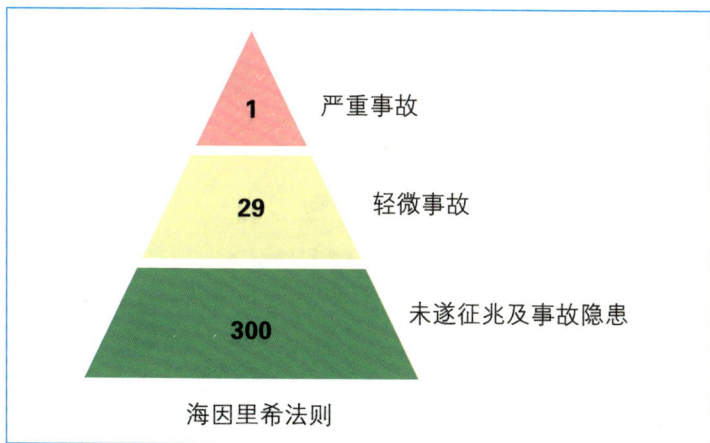

海因里希法则

（4）习近平总书记的总体国家安全观

2014 年 4 月 15 日，习近平总书记在中央国家安全委员会第一次会议中指出：当前我国国家安全内涵和外延比历史上任何时候都要丰富，时空领域比历史上任何时候都要宽广，内外因素比历史上任何时候都要复杂，必须坚持总体国家安全观，以人民安全为宗旨，以政治安全为根本，以经济安全为基础，以军事、文化、社会安全为保障，以促进国际安全为依托，走出一条中国特色国家安全道路。[①] 这是习近平总书记在讲话中首次提出总体国家安全观。坚持总体国家安全观，是习近平新时代中国特色社会主义思想的重要内容。党的二十大报告指出，国家安全是民族复兴的根基，社会稳定是国家强盛的前提。必须坚定不移贯彻总体国家安全观，把维护国家安全贯穿党和国家工作各方面全过程，确保国家安全和社会稳定。安全，关乎人民的最基本利益。维护人民利益，保障人民安全，是国家的最基本职责。

---

① 中共中央党史和文献研究院.习近平关于总体国家安全观论述摘编[M].北京：中央文献出版社，2018.

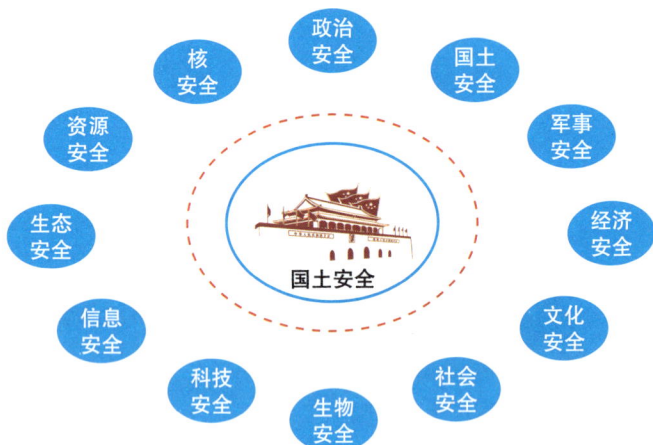

国家自身安全，是国家担负起保障人民安全职责的根本前提。所以，国家安全既要以人民安全为宗旨，又要坚持保障人民安全与保障国家自身安全有机统一。国家安全是人民幸福安康的基本要求，是安邦定国的重要基石。

（5）校园安全教育体系

1）一个理念

安全文化是人类璀璨文化中的瑰宝，是提升人类安全意识、安全素养最有效的理念和方法。育人是高校最重要、最主流的工作之一，育人的核心之一就是提升大学生的综合素质。运用安全文化育人既可

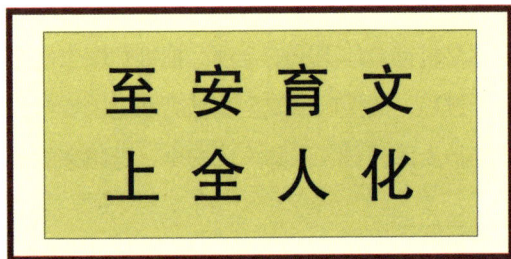

至 安 育 文
上 全 人 化

以发挥高校立德树人的平台作用，也可以有效提升当代大学生的安全素养。

2）三大支撑

教育源于文化，文化是教育的本质属性。安全文化育人是高校运用文化的力量，培养大学生自主生存和发展的能力，是高校践行立德树人办学宗旨的体现，是借鉴古今实现全方位、全过程育人的重要途径。为此，安全文化育人的进程要以优秀的传统文化为根基，以社会主义核心价值体系为引导，借助当代安全文化成果，共同推进安全文化育人进程。

3）十大体系

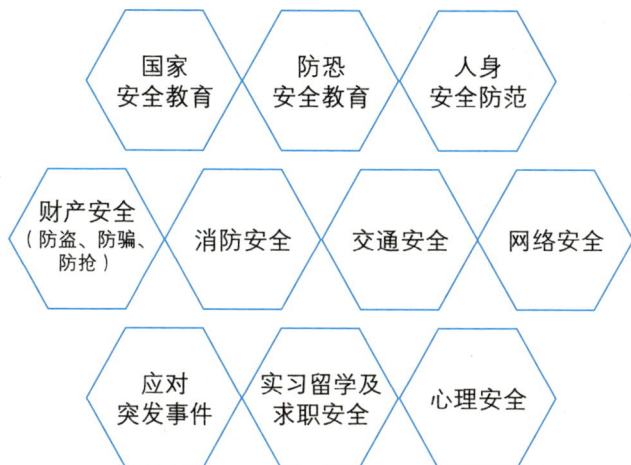

第一章　国家安全

★ 案例导读

某市国家安全机关发现，职业学校学生赵某在招聘网站求职时被境外间谍勾连。赵某按照要求搜集有关敏感信息，整理后提供给对方，非法获利五千元。考虑到赵某初次违法且不满十八周岁，有强烈的改过自新意愿，案件危害较轻，符合法律规定的从轻或减轻处罚的情形，国家安全机关依法给予赵某警告和没收违法所得的行政处罚，并责令其监护人严加管教。

知识广角

总体国家安全观

2014年4月15日，中共中央总书记、国家主席、中央军委主席、中央国家安全委员会主席习近平主持召开中央国家安全委员会第一次会议并发表重要讲话。习近平总书记首次提出总体国家安全观，并首次系统提出"11种安全"，要构建集政治安全、国土安全、军事安全、经济安全、文化安全、社会安全、科技安全、信息安全、生态安全、资源安全、核安全等于一体的国家安全体系。因此，"国家安全"早已不限于"保卫国家不受侵略"，而拓展到了经济、社会、生态环境、网络空间等各个领域，与我们每个人的生活都息息相关。国家安全并不只和安全部门有关系。根据2015年7月1日起实施的新《中华人民共和国国家安全法》，国家安全是指国家政权、主权、统一和领土完整、人民福祉、经济社会可持续发展和国家其他重大利益相对处于没有危险和不受内外威胁的状态，以及保障持续安全状态的能力。

法律链接

涉嫌危害国家安全的罪名

危害国家安全罪是一个概括性罪名，是对各种危害国家安全的犯罪行为共同特征的概括。各种具体罪名则各有其具体构成要件和特征，分别规定在刑法分则第一章中的12个条文里。

第一百零二条 勾结外国，危害中华人民共和国的主权、领土完整和安全的，处无期徒刑或者十年以上有期徒刑。与境外机构、组织、个人相勾结，犯前款罪的，依照前款的规定处罚。

第一百零三条 组织、策划、实施分裂国家、破坏国家统一的，剥夺政治权利。煽动分裂国家、破坏国家统一的，首要分子或者罪行重大的，处五年以上有期徒刑。

第一百零四条 组织、策划、实施武装叛乱或者武装暴乱的。策动、胁迫、勾引、收买国家机关工作人员、武装部队人员、人民警察、民兵进行武装叛乱或者武装暴乱的，依照前款的规定从重处罚。

第一百零五条 组织、策划、实施颠覆国家政权、推翻社会主义制度的。以造谣、诽谤或者其他方式煽动颠覆国家政权、推翻社会主义制度的。

第一百零六条 与境外机构、组织、个人相勾结，实施本章第一百零三条、第一百零四条、第一百零五条规定之罪的，依照各该条的规定从重处罚。

第一百零七条 境内外机构、组织或者个人资助境内组织或者个人实施本章第一百零二条、第一百零三条、第一百零四条、第一百零五条规定之罪的，对直接责任人员，处五年以下有期徒刑、拘役、管制或者剥夺政治权利；情节严重的，处五年以上有期徒刑。

第一百零八条　投敌叛变的，处三年以上十年以下有期徒刑；情节严重或者带领武装部队人员、人民警察、民兵投敌叛变的，处十年以上有期徒刑或者无期徒刑。

第一百零九条　国家机关工作人员在履行公务期间，擅离岗位，叛逃境外或者在境外叛逃，危害中华人民共和国国家安全的，处五年以下有期徒刑、拘役、管制或者剥夺政治权利；情节严重的，处五年以上十年以下有期徒刑。掌握国家秘密的国家工作人员犯前款罪的，依照前款的规定从重处罚。

第一百一十条　有下列间谍行为之一，危害国家安全的：

（一）参加间谍组织或者接受间谍组织及其代理人的任务的；

（二）为敌人指示轰击目标的。

第一百一十一条　为境外的机构、组织、人员窃取、刺探、收买、非法提供国家秘密或者情报的，处五年以上十年以下有期徒刑；情节特别严重的，处十年以上有期徒刑或者无期徒刑；情节较轻的，处五年以下有期徒刑、拘役、管制或者剥夺政治权利。

第一百一十二条　战时供给敌人武器装备、军用物资资敌的。

防范应对课堂

（1）保密的十条基本常识

①严禁非法复制、记录、存储国家秘密。

②对上网信息进行严格审查，确保"涉密信息不上网，上网信息不涉密"。

③新闻出版要严格执行保密审查制度。

④对可能"触密"的借调人员，机关单位要严格保密管理。

⑤复制、扫描涉密载体，不得改变其密级、保密期限或删除密级标志。

⑥不得将未经安全技术处理的退出使用的涉密计算机赠送、出售、丢弃或改作其他用途。

⑦携带涉密计算机及其他涉密存储介质外出，必须采取严格的保密措施。

⑧禁止使用智能手机等移动终端及微信、QQ、微博等存储、处理、传输涉密信息。

⑨严禁在网盘和云盘中存储、处理国家秘密和内部敏感信息。

⑩销毁涉密载体应当送专门机构或保密行政部门指定承销单位。

（2）间谍的常用手段

1）找你拍照

拍照看起来最无害，又最具迷惑性，但如果有人以杂志、报纸约稿的名义，找你拍摄敏感的照片，并许诺以重金，那就要当心了。

以下为某省破获的一起反间谍案件：住在某军用机场旁边的小李，收到要求拍照的兼职信息。对方自称姓汪，在杂志社工作，从上海过来出差，想做一个摄影专访。汪某提出，只要小李拍摄机场附近或飞机照片，就有 300 元钱的活动费。第二天，小李就在后院里拍了几张飞机照片，通过手机软件传给了汪某，当天下午，钱就到账了。"轻轻松松"赚到了 300 元，小李自此一发不可收拾。

2014 年 10 月到 12 月，小李给境外间谍情报机关人员发送军用飞机起降照片 1000 多张，收取对方支付的报酬 1.2 万余元。经鉴定，其中部分文字、图片资料有 6 份属于国家秘密级情报。此后，小李被以"为境外非法提供国家秘密罪"提起公诉。

2）帮忙找工作

"兼职赚外快，待遇优，非直销，诚信至上"，经常上网的你对于这种说法肯定不陌生。有许多兼职工作背后，其实也藏着间谍的身影。

以下为某市国家安全局破获的一起案件。1985 年出生的韩某在互联网上发布求职信息。2014 年的一天，一个微信用户主动加韩某好友。该微信"好友"自称是记者，需要新闻报道材料，叫韩

某去某涉军目标地附近就业。为表"诚意",这名"记者"还爽快地先给韩某提供了 1.16 万元的定金。

自此,韩某接下这份"兼职"。在这名境外人员指使下,他先按照对方要求进入某单位工作,随后多次利用工作便利,违规进入敏感区域,用手机拍摄大量某重大军工项目照片,通过互联网将图片传到境外。短短几个月,韩某这份"兼职","底薪"及"奖励"已累计超过 9 万元。经查,韩某已向境外人员非法提供重要军事目标照片数百张。

3)请教问题

也有一些间谍打着请教问题的名义,套取军事情报。

2013 年初,在某国防军工单位技术部门供职的李某接到亲戚的电话,称境外朋友 S 想了解一些航空航天的知识,李某婉言拒绝了,但在亲戚的多次劝说下,李某还是与 S 建立了联系。

S 以公司做市场调查准备进军航空航天领域为由,要求李某利用工作之便搜集航天航空方面的期刊、杂志、论文等资料,由于单位内部资料管理较严,李某多次借阅资料未果,没能如期完成 S 交代的任务。顾及情面，李某向 S 推荐了某航空航天大学在读研究生成某，导致成某被策反，李某也成为境外间谍情报机关的帮凶。

4）打情感牌

除了上述的套路，不少普通人则是被情感牌拉下水的。

以下为某市国家安全局披露的一起间谍案。荆某是某省一个普通的农家子弟，20 岁出头，在义乌打工，日子过得颇为艰难。一次偶然的机会，他认识了一名自称是某境外公司经理的间谍。"经理"常对他说，如果有什么难处，比如吃不上饭、生病需要钱，就给他打个电话，不用跟家里人说。

"经理"嘘寒问暖的招式起到了作用，在几次交往中，荆某觉得这个"经理"人不错，很感激他，愿意为他工作。于是，刚 20 出头的荆某死心塌地为境外间谍刺探我国军事情报。荆某在境外间谍的指令下，远赴宁波、山东、福建刺探我国军事情报。最后，荆某被判处有期徒刑 10 年。

（3）维护国家安全的注意事项

①一些可疑人员未经批准进行科技、经济、企业等情况搜集。发现这种情况不能随意提供相关信息，需向当地公安机关或国家安全机关报告。

②警惕境外电台、电视、网络等传媒的煽动、造谣。

③一些境外组织和人员经常出现在我国军事、保密单位周边，趁机盗取秘密情报和信息。如遇可疑人员要立即报告。

④一些有境外背景的组织和个人，利用一些群众的不满情绪，煽动群众与政府对抗。遇到这些情况，应立即报告。

⑤拾获属于国家秘密的文件、资料和其他物品，应当及时送交有关机关、单位或保密工作部门。

⑥发现有人买卖属于国家秘密的文件、资料和其他物品，应当及时报告保密工作部门或者国家安全机关、公安机关。

⑦发现有人盗窃、抢夺属于国家秘密的文件、资料和其他物品，公民有权制止，并应当立即报告。

⑧发现泄露或可能泄露国家秘密的线索，应当及时向国家安全机关举报。

⑨国家安全机关举报受理电话是12339。

互动课堂

如何维护国家安全？

天上掉下个
小姐姐

第二章　公共安全

第一节　自然灾害避险

■地　震

　　2008 年 5 月 12 日，四川汶川发生里氏 8.0 级特大地震，这是新中国成立以来破坏性最大的地震，汶川大地震已确认 69 227 人遇难，374 643 人受伤，失踪 17 923 人。这场大地震给全国人民带来了巨大的心理压力和难以愈合的心灵创伤，堪称国家和民族史上的重大灾难。灾害发生后，全国人民在党中央、国务院的领导下众志成城、抗震救灾，表现出了前所未有的团结与坚强，累计解救和转移 1 486 407 人。

知识广角

防灾减灾日的由来

　　1989 年，联合国经济社会理事会将每年 10 月的第二个星期三确定为"国际减灾日"，旨在唤起国际社会对防灾减灾工作的重视。与此同时，许多国家也都设立本国的防灾减灾主题日，如日本将每年的 9 月 1 日定为"防灾日"，印度洋海啸以后，泰国和马来西亚将每年的 12 月 26 日确定为"国家防灾日"。汶川大地震发生后，为表达对灾害遇难者的追思，增强全民忧患意识，提高防灾减灾能力，经中华人民共和国国务院批准，自 2009 年起，每年 5 月 12 日为全国防灾减灾日。

防范应对课堂

（1）避震安全要点

①躲在桌子等坚固家具的旁边。

②摇晃时立即关火，失火时立即灭火。

③不要盲目慌张跑向户外，将门打开，确保出口安全，择机避险。

④处于户外时，要保护好头部，避开危险处。

⑤在商场、剧院等人员活动密集场所时，依照工作人员的指示行动。

⑥汽车靠路边停车，禁止驶入管制区域，有序避险。

⑦务必注意山崩、断崖落石或海啸。

⑧避难时徒步，只带必需品。

⑨不信谣传谣，不轻举妄动。

（2）各种情形下应采取的避震方法

①住在平房的人员遇到地震时，如室外空旷，应迅速头顶保护物跑到屋外；来不及跑出平房时可躲在坚固的家具旁，并用湿毛巾或者衣物捂住口鼻防尘、防烟。

②住在楼房的人员，应选择厨房、卫生间等开间小的空间避震；

也可以躲在内墙根、墙角、坚固的家具旁等易于形成三角空间的地方；要远离外墙、门窗和阳台；不要使用电梯，更不能跳楼；尽快关闭电源、火源。

③正在教室上课时，要在教师的指挥下迅速抱头、闭眼、躲在各自的课桌下；在操场或室外时，可原地不动蹲下，双手保护头部，注意避开高大建筑物或危险物，不要回到教室去。

④正在公共场所时，听从现场工作人员的指挥，不要慌乱，不要拥向门口，要避开人流，避免被挤到墙壁或栅栏处。

⑤正在室内活动时，应注意保护头部，迅速跑到空旷场地蹲下；尽量避开高大建筑物、立交桥，远离高压电线及化学、煤气等工厂或设施。

⑥正在野外活动时，应尽量避开山脚、陡崖，以防滚石和滑坡；如遇山崩，要向远离滚石前进方向的两侧方向逃生。

⑦正在海边游玩时，应尽量远离海边，以防地震引起海啸。

⑧在行驶的汽（电）车内，抓牢扶手，以免摔倒或碰伤；降低重心，躲在座位附近；地震过去后再下车。

⑨正在驾车行驶时，应迅速躲开立交桥、陡崖、电线杆等，并尽快选择空旷处停车。

（3）地震时发生特殊危险怎么办

①燃气泄漏时：用湿毛巾捂住口鼻，千万不要使用明火，震后设法转移。

②遇到火灾时：趴在地上，用湿毛巾捂住口鼻。地震停止后向安全地方转移，要匍匐，逆风而进。

③毒气泄漏时：遇到化工厂着火，毒气泄漏，不要向顺风方向跑，要绕到上风方向去，并尽量用湿毛巾捂住口鼻。

（4）地震时被埋压怎么办

①搬开身边可移动的碎砖瓦等杂物，尽可能用湿毛巾等捂住口鼻防尘、防烟，搬不动时千万不要勉强，防止周围杂物进一步倒塌。

②设法用砖石等支撑上方不稳的重物，保护自己的生存空间，以防余震时再次被埋压。

③不要随便动用室内设施，包括电源、水源等，也不要使用明火。

④用石块或铁器等敲击物体与外界联系，不要大声呼救，注意保存体力。

（5）地震发生后如何救助他人

①应注意搜寻被困人员的呼喊、呻吟和敲击器物的声音。

②挖掘被埋压人员时应保护支撑物，以防进一步倒塌伤人。

③不可使用利器刨挖，以免伤人。

④找到被埋压者时，应使伤者先暴露头部，清除其口鼻内异物，保持呼吸通畅。

⑤被压者不能自行爬出时，不可生拉硬扯，以免造成进一步损伤。

⑥无法立即救出存活者时，应做好标记，以待救援。

互动课堂

1. 住在楼房时遇到地震应怎么办？

2. 什么是地震灾害中的活命三角区？

地震应急处理

■ 雷　电

★ 案例导读

2024 年 8 月 19 日，据媒体报道，江苏南京栖霞区八卦洲街道某钓场一男子钓鱼时遭雷击身亡。同日，多位网友发布视频称，当天在广西北海金海湾红树林生态旅游区赶海时突遇狂风暴雨，有人被雷击中。8 月 20 日晚，北海市银海区应急管理局发布情况通报证实当地出现雷雨天气，造成 1 人不幸身亡。

知识广角

雷击的形式及危害

雷击通常有三种主要形式：其一是带电的云层与大地上某一点之间发生迅猛的放电现象，叫作"直击雷"。其二是带电云层由于静电感应作用，使地面某一范围带上异种电荷。当直击雷发生以后，云层带电迅速消失，而地面某些范围由于散流电阻大，以致出现局部高电压，或者由于直击雷放电过程中，强大的脉冲电流对周围的导线或金属物产生电磁感应发生高电压以致发生闪击的现象，叫作"二次雷"或称"感应雷"。其三是"球形雷"，又称球状闪电、滚地雷。据有关研究统计，现今全球平均每年因雷电灾害造成的直接经济损失就超过 10 亿美元，死亡人数在 3 000 人以上。雷电灾害目前已被联合国列为全球十大自然灾害之一。

防范应对课堂

（1）室内预防雷击

①雷雨天应关好门窗，防止球形雷窜入室内造成伤害，并远离阳台和外墙壁等。

②雷暴时，人体最好离开可能传来雷电侵入波的线路和设备 1.5 米以上。拔掉电源插头；不要打电话；不要靠近室内的金属设备，如暖气片、自来水管、下水管；尽量离开电源线、电话线、广播线，以防止这些线路和设备对人体的二次放电。不要穿潮湿的衣服，不要靠近潮湿的墙壁。

（2）室外预防雷击

①立即寻找装有避雷针的建筑物或钢筋混凝土建筑物躲避，不要在空旷的野外停留。

②在空旷的野外应尽量寻找低凹地（如土坑）藏身，或者立即下蹲，双脚并拢、双臂抱膝、头部下俯，尽量降低身体的高度，但手或臂不能接触地面。如果手中有导电的物体（如金属杆雨伞），要迅速抛到远处，千万不能拿着这些物品在旷野中奔跑。

③遇到雷电时，一定不能在高耸的物体（如大树、烟囱、电线杆）下站立。

④在雷雨天气中，不宜进行户外运动，不宜在水面、水边停留。

⑤如果看到高压线遭雷击断裂，要警惕断点附近存在跨步电压，在其附近不要跑动，要并拢双脚，尽快跳离现场。

⑥当感觉到身体有电荷时，即头发竖起，或者皮肤有显著颤动时，要明白自己可能受到了电击，应该倒在地上，等雷电过后，呼叫别人救护。抢救及时，可避免死亡。

（3）雷电防范"双30原则"

第一个"30"是指30秒，从看到闪电到听到雷声的时间如果少于30秒，说明雷电在10千米以内，此时即便头顶没有打雷下雨，也建议尽快寻找避雷场所。

第二个"30"是指30分钟，建议最后一次听到雷声，30分钟之后再出门。

互动课堂

1.打雷时在家中应如何防范雷电？

2.为什么打雷时不能打电话或躲避在树下？

■ 台 风

★ 案例导读

2006年，超强台风"桑美"在浙江苍南沿海登陆，曾经是新中国成立以来登陆我国大陆最强的台风（后被2014年第9号台风威马逊所超越），为百年一遇，近中心最大风速达到惊人的60米/秒。后来，温州鹤顶山风力发电站测得的81米/秒的阵风记录被中国气象局承认，这也成了有确实记录以来中国大陆地区的最大风速。据不完全统计，浙江、福建、江西、湖北4省共有665.65万人受灾，因灾死亡483人，紧急转移安置180.16万人。

知识广角

台风与飓风

台风和飓风到底是不是一回事呢？如果从形成的结构看，台风和飓风都是热带气旋形成的旋转的空气旋涡，那为什么还会多此一举有两个名称呢？

气旋的发生地不同决定了称谓也就不同。发生在太平洋西部的气旋基本上称为台风，而发生在太平洋东部和大西洋的气旋称为飓风。旋风的级别分类不同。如果从12级以上的旋风开始分类，台风分为12～13级的台风、14～15级的强台风、16级的超强台风三个级别。飓风则分五级，而且第四级飓风已经超过了16级。台风和飓风的出现既是坏事也是好事。说是坏事，是因为对沿海城市的人身财产有一定的威胁和破坏。说是好事，是因为对自然资源做到了二次调配，比如说淡水、渔牧业等。

防范应对课堂

①台风袭来时，应关闭加固门窗，以避免风力掀掉屋顶，吹倒墙壁。

②在室内时，人应该保护好头部，躲在卫生间等没有窗户或窗户很小的房间。

③在室外遇到台风，应迅速向台风前进的相反方向或者侧向移动躲避。

④台风已经到达眼前时，应寻找低洼地区趴下，闭上口、眼，用双手、双臂保护头部，防止被飞来物砸伤。

⑤乘坐汽车遇到台风，应下车躲避，不要留在车内。

⑥应尽量躲在坚固的建筑物里，不要在大树、草棚或其他简易建筑物旁逗留，以防砸伤。

⑦不要躲在广告牌或玻璃幕墙的大楼下，防止被倒塌的广告牌或脱落的玻璃伤害。

⑧行走应避开高层建筑，避免被高空坠物击伤，并注意来往车辆，防止发生交通事故。

互动课堂

1. 台风袭来时如果正好在户外应如何应对？

2. 台风是怎样形成的？

■洪 水

★ 案例导读

　　1998 年，我国长江、嫩江、松花江等流域发生特大洪水灾害。长江洪水是继 1931 年和 1954 年两次洪水后，20 世纪发生的又一次全流域型的特大洪水；嫩江、松花江洪水同样是 150 年来最严重的全流域特大洪水。据统计，包括受灾最重的江西、湖南、湖北、黑龙江四省，全国共有 29 个省（区、市）遭受了不同程度的洪涝灾害，受灾面积 3.18 亿亩（1 亩 = 666.67 平方米），成灾面积 1.96 亿亩，受灾人口 2.23 亿人，死亡 4 150 人，倒塌房屋 685 万间，直接经济损失达 1 660 亿元。

知识广角

与洪水有关的"传说"

　　大禹治水：大禹和他父亲鲧在尧、舜的任命下治水，鲧治水 9 年，大水还是没有消退。面对滔滔洪水，禹继承了鲧的工作，开始也是采取"埋"（堵）的方法，但仍难以遏止汹涌的洪水，于是改用疏导的方法。为疏通水路，禹不辞辛劳到处观察河道、地形，据《吕氏春秋》载，他向东走到海边，向南走到羽人裸民之乡，向西走到三危之国，向北走到犬戎国，对洪水进行疏导。大禹为了治理洪水，"三过家门而不入"。治水 13 年，耗尽心血与体力，终于完成了治水的大业。

防范应对课堂

①溪水突然浑浊，流速增大、水位上升，听到由远而近如火车般轰鸣的水声都可能是洪水发生前兆。受到洪水威胁，如果时间充裕，应关闭电闸，按照预定路线，有组织地向山坡、高地等处转移；在措手不及，已经受到洪水包围的情况下，要尽可能利用船只、木排、门板、木床等，做水上转移。

②洪水来得太快，已经来不及转移时，要立即爬上屋顶、楼房高屋、大树、高墙，做暂时避险，等待救援。不要单独游泳转移。

③在山区，如果连降大雨，容易暴发山洪。遇到这种情况，应注意避免渡河，以防止被山洪冲走，还要注意防止山体滑坡、滚石、泥石流的伤害。

④发现高压线铁塔倾倒、电线低垂或断折，要远离避险，不可触摸或接近，防止触电。

⑤洪水过后，要服用预防流行病的药物，做好卫生防疫工作，避免发生传染病。

互动课堂

1.你了解 1998 年特大洪灾吗？

2.洪水来得太快你知道怎样应对吗？

■泥石流

★ 案例导读

2003 年 7 月 11 日，四川省丹巴县巴底乡邛山沟发生特大泥石流灾害，造成 1 人死亡，50 人失踪，损失严重，共损坏房屋 13 户，造成 47 人无家可归，冲毁省道 211 线 1 000 多米、乡村道路 38 千米、桥梁 6 座，冲毁耕地 300 余亩、河堤上千米。泥石流阻塞河道，造成大金河断流 4 分钟，形成库容 288 万立方米。

知识广角

滑坡与泥石流

滑坡与泥石流都属于地质灾害，它们的相同点在于：都是在重力作用下，由高向低的一种运动形式，容易受地形坡度的影响。地形坡度较缓时，滑坡、泥石流的运动速度较慢；地形坡度较陡时，滑坡、泥石流的运动速度较快。

不同点在于：特点不同。滑坡是下面断裂脱离山体，然后往山下滑，特点是顺坡"滑动"；泥石流是水和沙土混在一起，呈现出混合状流体，往山下流，特点是沿沟"流动"。形成的迹象不同。泥石流的形成，必须有一定量的松散土、石参与。所以，沟谷两侧山体破碎、疏散物质数量较多，沟谷两边滑坡、垮塌现象明显，植被不发育，水土流失、坡面侵蚀作用强烈的沟谷，易发生泥石流。滑坡则是当斜坡上有明显的裂缝，裂缝在近期有加长、加宽现象，坡体上的房屋出现了开裂、倾斜，坡脚有泥土挤出时，灾害发生的情况会大大增加。

防范应对课堂

①立刻向河床两岸高处跑。

②向与泥石流成垂直方向的两边山坡高处爬。

③来不及奔跑时，要就地抱住河岸上的树木。

④千万不要往泥石流的下游方向逃生；不要顺着泥石流方向奔跑。

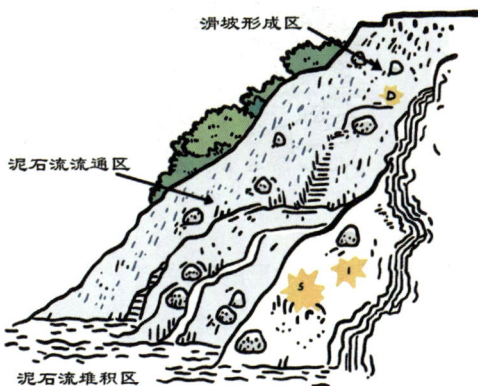

互动课堂

　　1.形成泥石流的原因是什么？

　　2.当发生泥石流来不及逃跑时应怎么办？

第二节　校园突发公共安全事件应对

■食物中毒

★ 案例导读

　　犯罪嫌疑人代某某通过中间商孙某某、周某某，将其藏匿的 48 吨三聚氰胺超标问题乳粉和 26 吨过期乳粉销售给青海东垣乳制品厂。青海东垣乳制品厂明知该批乳粉有问题仍加工后销往湖南、江苏、江西、浙江等地，涉案金额 150 余万元。法院以生产、销售有毒有害食品罪判处周某某等多人有期徒刑并处罚金。

知识广角

食物中毒的征兆

　　胃痛和痉挛是食物中毒最常见的症状，并且在摄入受污染的食物 30 分钟后即可出现，疼痛和痉挛可持续几个小时到一整天。腹泻是身体清除引起食物中毒的毒素的一种方式。在 24 小时内经历腹泻 4 次以上是食物中毒的良好指征。恶心和呕吐是两种其他食物中毒症状，当胃识别出食物"好"时，它被消化并被人体使用，但是当食物被识别为"坏"时，胃将其排除并通过呕吐消除。呕吐通常会在 24 小时后停止。脱水是食物中毒的常见副作用，因为身体通过腹泻和呕吐排出多余的水分。如果你的嘴巴感觉干燥，就是脱水的征兆，脱水还可能导致尿量减少，因为人体试图通过将指向肾脏的血液转移到身体的其他部位来保存水。随着食物中毒，由腹泻和呕吐引起的电解质损失经常导致肌肉无力，其他严重症状还包括视力模糊、发烧、发冷等。

防范应对课堂

（1）购买食物的注意事项

①注意看经营者是否有营业执照，其主体资格是否合法。

②注意看食品包装标识是否齐全，注意食品外包装是否标明商品名称、配料表、净含量、厂名、厂址、电话、产品标准号等内容。

③注意看食品的生产日期或失效日期，注意食品是否超过保质期。

④注意看产品标签，注意区分认证标志。

要仔细检查商品的生产日期和保质期

⑤注意看食品的色泽，不要被外观过于鲜艳、好看的食品所迷惑。

⑥注意看散装食品经营者的卫生状况，注意有无健康证、卫生合格证等相关证照，有无防蝇防尘设施。

⑦注意看食品价格，注意同类同种食品的市场比价，理性购买"打折""低价""促销"食品。

⑧购买肉制品、腌腊制品最好到规范的市场、"放心店"购买，慎购游商（无固定营业场所、推车销售）销售的食品。

⑨妥善保管好购物凭据及相关依据，以便发生消费争议时能够提供维权依据。

（2）食品的处理方法

①选择经过安全处理的食品，比如，应购买消过毒的牛奶而不买生奶，水果、蔬菜一定要洗干净；

②彻底加热食品，食品所有部位的温度都必须达到 70 ℃以上；

③做熟食品放置时间不宜过长，最好在食品出锅后尽快食用；

④贮存的熟食品在食用前必须再次彻底加热，加热时应使所有部位的温度达到 70 ℃以上；

⑤避免熟食品与生食品接触，用于处理生、熟食品的刀具、案板要分开，以避免交叉传染；

⑥注意洗手，加工制作食品前和再次间歇后必须把手洗净；

⑦保持厨具和厨房的清洁，所有用来置备食品的用具表面必须保持绝对干净，抹布应每天更换，并在下次使用前煮沸消毒；

⑧避免昆虫、鼠类和其他动物接触食品；

⑨饮用安全卫生的水，不喝生水。

（3）食物中毒处理

一旦发生食物中毒，除了及时就医外，还必须采取三个方面的自救措施：

①大量饮水：立即饮用大量干净的水，对毒素进行稀释；

②压迫催吐：用手指压迫咽喉，尽可能将胃里的食物排出；

③封存食物：将吃过的食物进行封存，避免更多的人受害。

互动课堂

1. 如何正确地购买食品？

2. 食物中毒后应如何应对？

■流行病及重大疾病传播

★ 案例导读

2019 年 12 月，湖北省武汉市出现了新冠疫情，之后，我国其他地区及境外多个国家也相继发现了此类病例。我国的疫情防控始终坚持人民至上、生命至上，14 亿人民同心抗疫、坚韧奉献，有效应对全球先后五波疫情流行冲击。

防范应对课堂

不同的流行病有不同的治疗方法，但基本的预防措施是相同的，为有效地减少疾病的发生和传播应注意以下几点：

保持通风

勤洗手

戴口罩

疫苗接种

①经常通风换气，保持室内空气清新，尽量少待在密闭房间内；

②尽量少去人群密集、空气污浊的公共场所，如网吧、酒吧等；

③合理饮食起居，保证充足的营养和睡眠；

④根据天气的变化合理增减衣服，要遵循"春捂秋冻"，乍暖还寒时，不要急于减衣，气温骤降时，要及时添衣；

⑤要积极参加户外体育活动，增强体质；

⑥加强生活、学习、工作环境卫生管理，保持卫生，及时打扫，定期消毒，减少细菌繁殖源；

⑦如遇有人在流行病传播期间出现相关症状，应及时向医疗机构和主管部门报告，并及时就医，在医生指导下规范治疗；

⑧普通感冒具有一定的自限性，症状较轻无须药物治疗，症状明显影响日常生活以对症处理为主，并注意休息、适当补充水、避免继发细菌感染等；

⑨接种流感疫苗是预防流感的最有效方式，应及时进行疫苗接种，预防季节性流感；

⑩咳嗽或打喷嚏时，用上臂或纸巾、毛巾等遮住口鼻，咳嗽或打喷嚏后洗手，尽量避免触摸眼睛、鼻或口。

互动课堂

1. 当流行疾病来袭时应怎样进行防范？

2. 猪流感暴发是否意味着不能吃猪肉呢？

第三节　防范恐怖活动

★ 案例导读

学生赵某在网上购买下载 4 部暴恐音视频存储至本人手机中，并通过视频平台以每部 5~6 元的价格将暴恐音视频出售，累计售出 20 余次。根据《中华人民共和国反恐怖主义法》第八十条第二项之规定，公安机关对违法行为人赵某传播、非法持有宣扬恐怖主义物品行为予以行政拘留十日处罚，并处罚款 500 元。

知识广角

恐怖活动范围

恐怖活动，是指恐怖主义性质的下列行为：

①组织、策划、准备实施、实施造成或者意图造成人员伤亡、重大财产损失、公共设施损坏、社会秩序混乱等严重社会危害的活动。

②宣扬恐怖主义，煽动实施恐怖活动，或者非法持有宣扬恐怖

主义的物品，强制他人在公共场所穿戴宣扬恐怖主义的服饰、标志。

③组织、领导、参加恐怖活动组织。

④为恐怖活动组织、恐怖活动人员实施恐怖活动或者恐怖活动培训提供帮助。

⑤其他恐怖活动。

法律链接

《中华人民共和国反恐怖主义法》第三条：本法所称恐怖主义，是指通过暴力、破坏、恐吓等手段，制造社会恐慌、危害公共安全、侵犯人身财产，或者胁迫国家机关、国际组织，以实现其政治、意识形态等目的的主张和行为。

防范应对课堂

（1）自觉抵制恐怖主义思想

恐怖主义思想是恐怖活动的重要诱因。恐怖分子通过制作、发布音视频，散发非法宣传品等形式，千方百计地向群众传播恐怖主义思想，煽动实施恐怖活动。

1）传播途径

①音视频；

②传单、小册子；

③宣扬恐怖主义的网络言论、公开言论等；

④代表恐怖组织、恐怖主义的标识、旗帜等；

⑤宣扬恐怖主义的非法讲经活动等。

2）防范恐怖主义思想

①及时停止观看；

②不在手机或电脑上下载、保存相关宣传品、音视频；

③不散布、不转发、不传看、不评论、不讨论相关宣传品、音视频；

④积极举报暴恐音视频网站。

（2）防范恐怖主义从我做起

反恐人人有责，从微小的事情做起，对全社会防范恐怖袭击具有重要意义，能够有效震慑、阻止暴恐分子策划、准备及实施恐怖袭击活动。

①积极配合身边的安全检查，如在交通枢纽、人员密集场所、大型活动场所等进行的安全检查。通过安检，能及时发现人身、车辆、物品等是否携带或夹带枪支、弹药、管制刀具等危险物品，有效防止伤害发生。

②依法履行实名制制度，入住酒店、邮寄物品、运输货物、乘

坐长途交通工具等主动进行实名登记。实名制有利于加强社会管理、规范个体行为、打击违法犯罪，并在及时发现、消除涉恐隐患方面发挥十分重要的作用。

法律链接

《中华人民共和国反恐怖主义法》第二十条：铁路、公路、水上、航空的货运和邮政、快递等物流运营单位应当实行安全查验制度，对客户身份进行查验，依照规定对运输、寄递物品进行安全检查或者开封验视。对禁止运输、寄递，存在重大安全隐患，或者客户拒绝安全查验的物品，不得运输、寄递。

③学习掌握应急技能：立即离开事发区域，不要围观、停留，不要贪恋财物，如果无法逃避，应利用地形、遮蔽物遮掩、躲藏；保持镇静，不要惊恐喊叫；在确保个人安全的情况下，及时报警、呼救和救助他人；逃离现场时避免拥挤和踩踏；如果遇到不明气体、液体，应迅速躲避，用毛巾、衣物等捂住口鼻，做好防护措施。

④正确识别、举报涉恐可疑人员和情况：冒用、伪造身份证件；言行异常，逃避安检；衣着反常；携带疑似违禁品；服饰、物品上有疑似与恐怖主义相关的标识图案；作息反常；在标志性建筑、人员密集场所反复观察、打探安保情况；试图获取炸药、武器等。

（3）举报涉恐情况

①迅速远离可疑人员和可疑物品，确保自身安全，牢记可疑人员和物品特征；

②及时报警，沉着冷静，全面报告可疑情况。

互动课堂

1.在火车站、汽车站、机场等人员密集场所发现可疑人员应怎么办？

2.当遭到恐怖分子无故暴力砍杀时应采取什么防护措施？

第三章　人身安全

第一节　人身侵害的预防与应对

★ 案例导读

　　某大学两名学生在校园荔枝林玩耍散步时遭到三名罪犯持刀抢劫，其中一名学生在激烈反抗中被犯罪嫌疑人捅伤，经抢救无效死亡。该案罪犯杨某、石某、谭某三人因无钱购买毒品吸食，遂心生歹念，购买刀具后前往该大学抢劫学生。

知识广角

打架斗殴的成本有多大？

　　依据《中华人民共和国治安管理处罚法》《中华人民共和国刑法》的相关规定：造成他人轻微伤的，视情节处 5 ～ 15 天的拘留 +500 ～ 1000 元的罚款 + 赔偿医药费和误工费等经济损失 + 因被行政处罚少挣的工资；造成他人轻伤的，视情节处 3 年以下有期徒刑 + 赔偿金 + 医药费和误工费等赔偿 + 因被判处刑罚少挣的工资；造成他人重伤的，视情节处 3 年以上 10 年以下有期徒刑、无期徒刑或者死刑 + 经济赔偿 + 社会及家庭严重影响和损失。打架附加的额外代价：民事责任费用（诉讼费 + 律师费 + 医药费 + 误工费）+ 公安机关留下前科劣迹 + 心情沮丧郁闷 + 名誉形象受损 + 家人朋友担忧 + 工作生意等遭受更大损失。

防范应对课堂

①如遇犯罪侵害行为发生，对犯罪分子的各种试探、挑衅、纠缠千万不能示弱，以免犯罪分子认为被害人软弱可欺，从而肆无忌惮地实施犯罪。要一边表现镇定自若，一边积极想办法应对，应从动作、眼神上表现出自己很冷静，不胆怯，为自救争取时间。同时衡量双方的力量对比，以自身安全为第一，择机采取应对措施。

②遇到危险情况切勿慌张，更不能冲动蛮干，应当智取。如假称自己的家人、朋友马上就到，家属是公安人员等，向犯罪分子背后的方向大声呼救，转移其注意力，然后快速逃离。

③在危险来临时，往安全的地方跑永远是最好选择，这比装死、求饶、讨价还价都有用得多。确实跑不掉就躲，注意将电子产品置于静音模式，建立物理屏障，切勿盲目呼救。

④紧急报警内容顺序：a.我在哪里。b.我遭受的犯罪行为和现实状态，如"我被抢劫了"或"现在正有人在追砍我"。c.实施犯罪人员人数、所处位置、衣着、武器、性别、对话情报、其他有用信息。

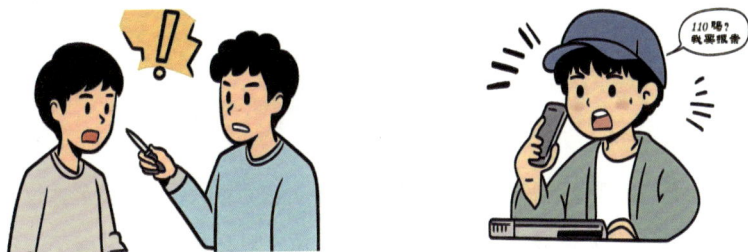

⑤去酒吧、KTV、网吧、饭店等场所吃喝玩耍，一定要规范自身言行，切不可替人出头、借酒滋事，时刻谨记自己大学生的身份，切莫因小失大，承担身心受伤、行为违法、前途葬送的悲痛后果。

法律链接

正当防卫及其刑事责任

《中华人民共和国刑法》第二十条：为了使国家、公共利益、本人或者他人的人身、财产和其他权利免受正在进行中的不法侵害，而采取的制止不法侵害的行为，对不法侵害人造成损害的，属于正当防卫，不负刑事责任。

对于正在进行的行凶、杀人、抢劫、强奸、绑架以及其他严重危及人身安全的暴力犯罪，采取防卫行为，造成不法侵害人伤亡的，不属于防卫过当，不负刑事责任。

正当防卫明显超过必要限度造成重大损害的，应当负刑事责任，但是应当减轻或者免除处罚。

互动课堂

如何行使法律赋予公民享有的正当防卫权利？

第二节　意外事故的预防与应对

★ 案例导读

19岁的小艾是一名大二的学生，由于最近压力很大，在室友的建议下加入了夜跑队伍，围着学校操场疯狂长跑，意外却发生了：小艾喊了一句"我不行了"，然后骤然倒地抽搐。这可把室友吓坏了，呆呆地站在原地，不知道怎么办。有个同学掐小艾的人中但无济于事，折腾了几分钟才拨打了120求助。15分钟后，救护车赶到了事发现场，只是此时的小艾早已没有了心跳和呼吸……

知识广角

急救中的"黄金四分钟"

心脏急救中最严重的情况是心脏骤停，即心脏射血功能突然中止，导致重要器官严重缺血、缺氧，如果不及时干预，将导致生命终止。对于心脏骤停的患者，4分钟内进行复苏者可能有半数被救活，如果时间在10分钟以上，即使病人抢救过来，也可能是脑死亡，即植物人。所以在心源性猝死急救上有"黄金4分钟"之说。

中国心脏猝死的总人数每年达到54万，居全球之首，每天约有1 500人死于心脏骤停，形象地说，每一分钟，就有一人猝死。越来越多的突发不幸事件给我们敲响了警钟，让我们认真学习以下相关的急救常识，提高救人自救的能力！

心肺复苏

防范应对课堂

（1）进行人工呼吸的方法

①病人仰卧，解开其衣领，清除口腔内的异物。

②用一只手掌外侧压住患者的前额，用另外一只手的食指和中指的指尖放在病人的下颌骨的骨心部位并向上抬，使病人的头后仰，这样可以使病人舌根上移而不阻塞气道，保证呼吸道通畅。

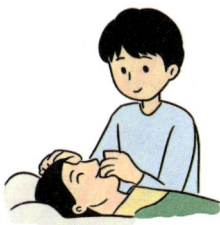

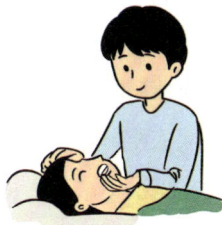

③把头探下去，眼光平视病人的胸廓。观察 10 秒钟后，发现病人没有正常的呼吸，就开始两次人工通气。

④捏住病人的鼻孔，保持气道通畅，用自己的嘴包住病人的嘴，向内吹气。吹气持续的时间是每次 2 秒钟，吹气时眼睛注意病人胸部，直到胸部隆起达到最大限度为止。吹完两次后，如果病人心跳正常，则继续按上述方法吹气，直到呼吸恢复或医务人员赶到为止；假如心脏停止跳动，则需立即进行胸外按压。

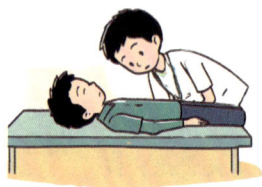

（2）心跳骤停（猝死）的急救方法

猝死发生后，如果在 4 分钟内没有获得有效的治疗干预，患者大脑就会出现不可逆的伤害。所以要当机立断进行心肺复苏。

①叩击心前区：应立即使病人平卧，一手托病人颈后向上托，另一手按住病人前额向后稍推，使下颌上翘，头部后仰，有利于通气。用拳头底部多肉部分，在胸骨中段上方，离胸壁 20～30 厘米处，突然、迅速地锤击一次。若无反应，当即做胸外心脏按压。按压时双肘须伸直，垂直向下用力按压，成人按压频率为 100～120 次 / 分钟，下压深度为 5～6 厘米，每次按压之后应让胸廓完全恢复。为了尽量减少因通气而中断胸外按压，对于未建立人工气道的成人，2010 年国际心肺复苏指南推荐的按压—通气比率为 30：2。对于婴儿和儿童，双人实施心肺复苏时可采用 15：2 的比率。观察病人的瞳孔，若瞳孔缩小（这是最灵敏、最有意义的生命征象），颜面、口唇转红润，说明抢救有效。

②迅速掏出患者咽部呕吐物，以免堵塞呼吸道或倒流入肺，引起窒息和吸入性肺炎。

③给患者头部敷上冰袋降温。

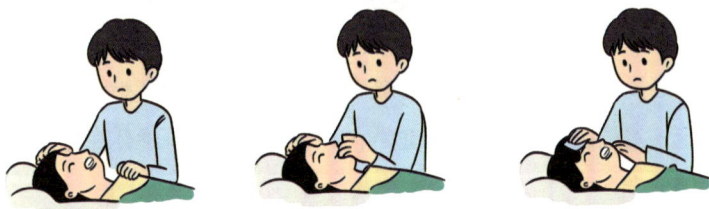

④针刺其人中穴或手心的劳宫穴、足心涌泉穴。

⑤以上基本的救治措施应持续进行，直到专业急救人员到场。

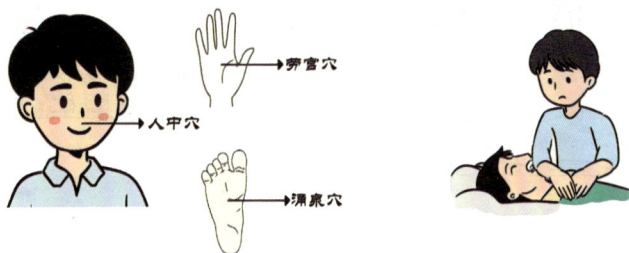

（3）休克的急救方法

①使休克患者平卧，下肢应略抬高，以利于静脉血回流。如有呼吸困难，可将其头部和躯干抬高一点，以利于呼吸。

②保持其呼吸道通畅，方法是将患者颈部垫高，下颌抬起，使头部最大限度地后仰，同时使其头偏向一侧，以防呕吐物和分泌物误吸入呼吸道。

③注意给体温过低的休克患者保暖，盖上被子、毛毯等，但对伴发高烧的感染性休克病人应给予降温。

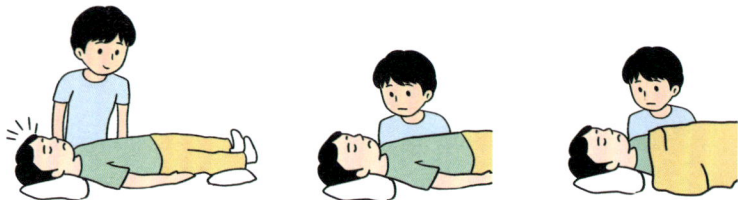

④必要的初步治疗。对因创伤骨折所致的休克患者给予止痛，骨折固定；对烦躁不安者可给予适当的镇静剂；对心源性休克患者给予吸氧等。

⑤应尽快送医院抢救。对休克患者的搬运宜轻宜少。在运送途中，应有专人负责护理和急救。

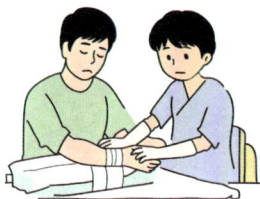

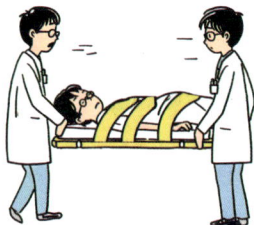

（4）抢救溺水者的方法

重要提示：在紧急的情况下，救人的正确方法是将木棍、绳索等伸给落水者，自己趴在岸边进行营救，以防自己落水。

溺水者被救上岸后：

①应立即清除其口、鼻腔内的泥水及污物，用纱布或其他纺织物裹着手指将溺水者舌头拉出口外，解开其衣扣、领口，以保持呼吸道通畅。

②对呼吸停止者应立即进行人工呼吸。

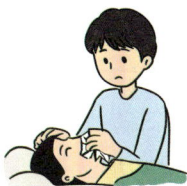

③对心跳停止者应先进行胸外按压。

④注意保暖，如果溺水者清醒，可让其饮用一些热的饮料。

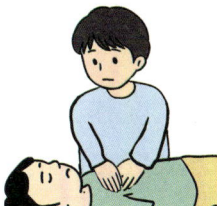

喝点热的

（5）煤气中毒的处理方法

①应迅速打开门窗，将中毒者抬到空气清新处。

②如果病人中毒情况严重，陷入昏迷，则立即拨打120急救电话。

③解开衣领、松开裤带，使其呼吸通畅。

④中毒较严重者会处于昏迷状态，应适量灌服浓茶、汽水、咖啡等，不能让其入睡。保持中毒者体温。

⑤对失去知觉的中毒者，必要时应进行人工呼吸和胸外按压，不能轻易放弃抢救。

喂，120吗？有人煤气中毒了！

（6）触电的处理方法

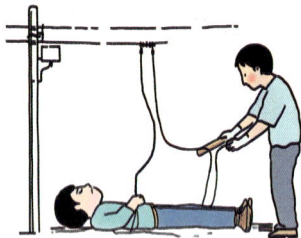

①迅速脱离电源。

◆当有人在室内发生触电事故时，切不可惊慌，应立即将电闸闸刀断开，将插头拔掉。

◆在室外电源不明或有带电的电线触及人体时，抢救者可用绝缘的物体（如木棒、竹竿、手套等）将电线移掉，使触电人脱离电源。切不可触摸触电者。

②急救处理。

◆触电者神志清醒，但感觉乏力、头昏、心悸、出冷汗，甚至有恶心或呕吐时，应就地平卧，安静休息，减轻心脏负担，加快恢复；情况严重时，小心送往医院。

◆病人呼吸、心跳尚在，但神志昏迷时，应将病人仰卧在周围空气流通的地方，并注意保暖。严密观察，做好人工呼吸和心脏按压的准备工作，并叫急救车，用担架将病人送往医院。

◆如果伤者心跳停止，立即解开其衣扣，通畅气道，用体外人工心脏按压法来维持血液循环；如呼吸停止，进行口对口的人工呼吸。呼吸、心跳全部停止时，需同时进行体外心脏按压和口对口人工呼吸，在医务人员未接替前，救治不能终止。

（7）被狗、猫咬（抓）伤后的处理方法

①迅速用大量清水冲洗伤口。

②由于狗、猫咬（抓）的伤口往往外口小、里面深，冲洗时要尽量把伤口扩开，让其充分暴露，并适当挤压伤口周围的软组织。冲洗的水量要大，水流要急。

③伤口不要包扎。除了个别伤口大，又伤及血管需要止血外，一般不上任何药物，也不要包扎，因为狂犬病毒是厌氧的，在缺氧的情况下，狂犬病毒会迅速地大量繁殖。

④伤口反复冲洗后，到医院进一步治疗，在 24 小时内到疾病预防控制中心注射预防狂犬病疫苗。

（8）中暑的处理方法

应将中暑者立即带离高温环境，在通风较好的凉爽处休息。解开其衣服，多饮些淡盐水或服用十滴水、人丹、藿香正气水（液）等，短时间内即可好转。病人如出现高烧、昏迷、抽搐等症状，应让患者侧卧，头向后仰，保证呼吸道畅通，尽快送医院。

互动课堂：

心跳骤停的急救方法是什么？

第四章　财产安全

第一节　诈骗案件的防范与应对

★ 案例导读

1. 大学生邵某在微信群内看到"免费送礼品、点赞评论返佣金"的信息及二维码，扫码联系上客服并按要求下载了一款 App，随后在 App"接待员"指导下做刷单任务。完成 5 单小额任务后收到了对应的佣金，并可全部提现到银行卡中。邵某遂开始认购金额更大的组合任务单，投入总本金3000 元。但按要求完成任务后却发现已无法提现，App"接待员"称因邵某操作失误造成"卡单"，要再做一次复合任务才能提现，邵某此时才发现被骗。

2. 某市公安机关在核实涉诈电话线索工作中，抓获了十余名参与电信网络诈骗犯罪的在校学生。他们在诈骗分子的教唆和利诱下"赚快钱"。其中一人提供手机作为与境外诈骗分子的联络工具，另外多人按照指示轮流用自己手机对诈骗分子提供的电话号码进行拨打，同时开启免提，将诈骗分子的手机与自己手机放在一起，使诈骗分子通过学生手机与受害人进行通话。这种架设"手机口"行为实际是为他人实施电信网络诈骗提供帮助，已涉嫌违法犯罪。

知识广角

电信诈骗与网络诈骗的特点

电信诈骗：①跨国跨境犯罪比较突出，不法分子隐藏境外实施犯罪，打击难度大。②犯罪活动的蔓延性比较大，在极短的时间内通过电话短信地毯式地散

电话的那一头

布虚假信息，侵害面很大，造成损失的范围广。③团伙作案，采取远程的、非接触式的诈骗，犯罪团伙组织严密，分工精确，反侦查能力强。

网络诈骗：①犯罪链条呈现出地域产业化特点，在高危地区往往围绕某种诈骗手法形成了上下游的地下产业链发展。②诈骗行为手法多样化，更新换代速度快，新型诈骗手法层出不穷。

法律链接

诈骗罪的入刑标准

《中华人民共和国刑法》第二百六十六条：诈骗公私财物，数额较大的，处三年以下有期徒刑、拘役或者管制，并处或者单处罚金；数额巨大或者有其他严重情节的，处三年以上十年以下有期徒刑，并处罚金；数额特别巨大或者有其他特别严重情节的，处十年以上有期徒刑或者无期徒刑，并处罚金或者没收财产。

《最高人民法院、最高人民检察院、公安部关于办理电信网络诈骗等刑事案件适用法律若干问题的意见》明确规定：诈骗公私财物价值三千元以上属于"数额较大"，三万元以上属于"数额巨大"，五十万元以上属于"数额特别巨大"。

防范应对课堂

（1）大学生群体最容易碰到的骗局

1）虚假交易类骗局

诈骗分子发布手机、电脑等电子类产品信息，并把商品价格设置成低于同类产品来吸引更多的浏览关注。为规避交易平台监督管控，诈骗分子以私下交易更便宜、更方便为由，让受害人添加微信、QQ等其他联系方式和商品卖家进行直接沟通，诱导受害人绕过正规平台进行私下交易，或者诱骗受害人参加抽奖活动，再以操作失误、等级不够等理由，要求受害人支付"注册费""解冻费""会员费"，随后将受害人拉黑。

防范建议： 在网上买卖物品请通过正规网站平台操作，私下交易均存在被骗风险。

2）刷单返利类骗局

诈骗分子通过短信、招聘网站、社交网络等多种渠道发布兼职广告，以工作形式简单、自由，如职业门槛低、懂网购，有流动资金即可赚钱为吸引点，吸引受害人。受害人添加所谓"客服"后，"客服"给受害人讲解工作内容，让受害人在知名电子商务网站上购买商品，交易完成后返还受害人佣金和本金。做首单任务时，诈骗分子会按照约定返回本金和佣金，金额一般比较小。首单任务后，任务金额会大幅增加，以此让受害人支付更多资金。受害人察觉异常时，诈骗分子会以"连单""卡单"等借口拒绝退款，并诱骗受害人继续转账。刷单返利类诈骗是变种最多、变化最快的一种诈骗类型，主要以招募兼职刷单、网络色情诱导刷单等复合型诈骗居多。此类诈骗发案量和造成的损失数均居首位，在校学生是主要受骗群体之一。

防范建议： 凡是打着"网络兼职"旗号，以返佣金为诱饵要求以刷单形式做任务的就是诈骗。

3）冒充公检法类骗局

　　诈骗分子冒充公检法机关、政府部门等工作人员，通过电话、微信、QQ 等与同学们取得联系，以同学们涉嫌洗钱、非法出入境、快递藏毒、护照有问题等为由进行威胁、恐吓，要求配合调查并严格保密，同时向同学们出示逮捕证、通缉令、财产冻结书等虚假法律文

网络陷阱

书，以增加可信度。为阻断同学们与外界联系，诈骗分子通常要求同学们到宾馆等封闭空间配合工作，诱骗同学们将所有资金转移至所谓"安全账户"，从而实施诈骗。

　　防范建议：公检法等政府部门不存在所谓的"安全账户""验资账户"，不会通过网络出示通缉令、拘捕证等法律文书。所以，当有人自称是上述机关工作人员打电话告知你涉嫌某种犯罪，并要求你将存款转存到所谓的"安全账户"以进行核实、保全资金的都是诈骗行为，切勿上当。

4）虚假征信类骗局。

诈骗分子通过冒充银行、金融机构客服人员，谎称同学们之前开通过微信、支付宝、京东等平台的百万保障、金条、白条等服务，或申请校园贷、助学贷等账号未及时注销，或信用卡、花呗、借呗等信用支付类工具存在不良记录，需要注销相关服务、账号或消除相关记录，否则会严重影响个人征信。随后，诈骗分子以消除不良征信记录、验证流水等为由，诱导同学们在网络贷款平台或互联网金融App进行贷款，并转到指定的账户，从而骗取钱财。

防范建议：

微信、支付宝等平台"百万保障"均属免费服务，不存在到期自动扣费的情况；凡是自称京东等金融平台客服，提供消除不良个人征信记录的都是诈骗。个人征信由中国人民银行征信中心统一管理，个人无权删除、修改。

5）冒充电商物流客服类骗局

诈骗分子通过非法途径获取同学们的购物信息后，冒充电商平台或物流快递客服，谎称同学们网购商品出现质量问题、快递丢失需要理赔或因商品违规被下架需重新激活店铺等，诱导同学们提供银行卡和手机验证码等信息，并通过共享屏幕或下载App等方式逃避正规平台监管，从而诱骗同学们转账汇款。

防范建议：在接到自称电商物流客服电话时，要保持警惕，要通过官方平台或购买渠道进行核实，切勿与陌生人开启屏幕共享功能。

6）购买演唱会门票类骗局

诈骗分子通过制作虚假购票网站或发送虚假链接，或自称有"内部渠道票""黄牛票"转售，或在二手交易平台发布虚假售票信息，或伪装自称票务平台客服，声称购票订单有问题需退款或重新支付，引导同学们点击虚假链接或提供银行账户信息进行诱骗，同学们付款后无法收到门票，或直接被诈骗分子拉黑删除。最终，不但遭受财产损失、错过演唱会，还要面临个人信息泄露的风险。

防范建议：购买演唱会门票务必选择正规票务平台，不要轻信"内部渠道"和"黄牛票"，谨慎对待陌生链接和客服信息。

总之，无论何种情况，都不要在电话或网上向别人透露自己的身份信息、银行卡号码、信用卡验证码、网上银行密码等重要信息。凡涉及向外汇款、转账，一定要与家人或同学等多方核实，并及时通过银行网点或者银行客服咨询电话及公安机关"110"进行咨询，以免招致财产损失。

（2）警惕成为电诈"工具人"

电诈"工具人"是对帮助诈骗分子实施违法犯罪行为相关人员的统称。电诈"工具人"明明没有骗人，但也会被警察抓，他们在整个诈骗环节中赚的是最少的钱，背的却是最黑的锅。

法律链接

帮助信息网络犯罪活动罪

《中华人民共和国刑法》第二百八十七条之二：明知他人利用信息网络实施犯罪，为其犯罪提供互联网接入、服务器托管、网络存储、通信传输等技术支持，或者提供广告推广、支付结算等帮助，情节严重的，处三年以下有期徒刑或者拘役，并处或者单处罚金。

掩饰、隐瞒犯罪所得、犯罪所得收益罪

《中华人民共和国刑法》第三百一十二条：明知是犯罪所得及其产生的收益而予以窝藏、转移、收购、代为销售或者以其他方法掩饰、隐瞒的，处三年以下有期徒刑、拘役或者管制，并处或者单处罚金；情节严重的，处三年以上七年以下有期徒刑，并处罚金。

1）出租、出借、出售"两卡"类

"两卡"通常是指手机卡和银行卡，其中银行卡除了个人银行卡、对公账户等，还包括非银行支付机构账户（微信、支付宝等第三方支付平台账户）。诈骗分子会发布高价租用、购买广告，引诱同学们将自己的"两卡"租售，甚至会将同学们发展成为"卡农"，不断发展下线来帮助收集更多"两卡"。

诈骗分子利用同学们租售的手机卡拨打诈骗电话、发送涉诈短信；利用银行卡或第三方支付平台账户转移涉诈资金。

非法出租、出借、出售"两卡"的行为，可能会承担行政违法责任，受到惩戒，甚至可能涉嫌帮助信息网络犯罪活动罪、妨害信用卡管理罪，被依法追究刑事责任。

2）"跑分洗钱"类

"跑分洗钱"是指利用银行卡或第三方支付平台账户为他人代收款、转账或取现，并从中赚取佣金的行为。诈骗分子发布"帮忙转账、取现就能按比例获得报酬"的高薪兼职广告引诱同学们上钩，进而诱骗同学们利用自己的银行账户转移资金，洗白赃款。

同学们提供银行账户帮助转账、取现的行为可能涉嫌掩饰、隐瞒犯罪所得罪，被依法追究刑事责任。

3）架设虚拟拨号设备类

虚拟拨号设备被称为"GOIP"或"VOIP"，境外诈骗分子通过此设备可以远程操控国内电话，可以将境外的电话号码转换为我国境内电话号码，大大降低我国境内群众的戒备心，提高诈骗成功率。

诈骗分子通常发布高薪兼职广告，称"高薪兼职、工资日结"来吸引同学们上钩。同学们参与架设虚拟拨号设备行为情节严重的，可能涉嫌帮助信息网络犯罪活动罪，被依法追究刑事责任。

4）架设"手机口"类

架设"手机口"是用一条音频线将两部手机连接起来，或者同时打开两部手机的扬声器，实现一部手机通过网络软件与境外的诈骗分子联系，另一部手机用来拨打境内人员电话，将境外电话号码转换为境内电话号码，是一种简易的 GOIP 的设备。

诈骗分子在网络上发布"两部手机一根线，天天入住大酒店"等兼职信息，引诱同学们上钩。该行为涉嫌为电信网络诈骗提供支持和帮助，情节严重的，可能涉嫌帮助信息网络犯罪活动罪或诈骗罪，被依法追究刑事责任。

5）推广引流类

推广引流是诈骗分子实施诈骗的前端行为，包括互联网推广、电话推广、发送短信、散布印有涉黄二维码的小卡片以及摆摊送小礼品拉人入群等行为。

诈骗分子通常会在网络上发布高薪兼职信息，要求同学们实施上述行为，使诈骗分子与受害人之间建立联系，情节严重的，可能涉嫌帮助信息网络犯罪活动罪或诈骗罪，被依法追究刑事责任。

总之，电诈"工具人"往往打着"高薪兼职"的旗号，请务必保管好自己的"两卡"，要警惕以任何形式用你的银行账户转账的行为，千万不要因贪图小利而以身试法。

防骗谣

他们是谁？

网络购物陷阱多，安全支付很重要；

飞来大奖莫惊喜，反复套钱洞无底；

盗取 QQ 来搭讪，冒充好友巧借钱；

网上交友要警惕，让您汇款有猫腻；

招聘网站花样多，贪心念头要不得；

克隆网站有差异，骗您存款是目的；

网上订票要小心，车票到手再给钱；

不明来电别轻信，家庭情况要保密；

牢记以上很容易，安全防范别大意。

第二节　两抢一盗案件的防范与应对

★ 案例导读

　　张某的岁数不大，却经历过人生的大起大落。他曾以全县高考文科状元的成绩被某知名大学录取，却因盗窃被开除后锒铛入狱。后在家人的鼓励下考入另一所知名大学，又因盗窃被司法机关法办。此后张某入夜潜入某外国语大学图书馆，盗取了 3 台笔记本电脑，涉案价值 14 000 多元，但很快就被辖区派出所抓获。据悉，张某小时候生活困难，见到别人有的东西自己却没有，心里非常不平衡，渐渐养成了想要什么东西就偷的坏习惯。张某交代，之所以选择高校盗窃，是因为高校比较好进，学生对财物保管又不够重视，得手比较容易。

知识广角

盗窃罪与抢劫罪的区别与转化

盗窃罪是趁财物控制人不备，秘密窃取财物，表现出行为的秘密性，就是所谓的"暗盗"；抢劫罪则是以暴力、胁迫或是其他方式直接从财物控制人手中劫取财物，表现出行为的强制性、公开性和当场性，也就是所谓的"明抢"。

盗窃罪的秘密窃取行为必须贯穿整个窃取财物的过程，如果行为人先是秘密窃取，但是在还没有既遂（控制财物）之前，已经被受害人发觉或采取暴力，那么犯罪嫌疑人的行为从窃取行为转化为公然抢夺的行为，则应认定为抢夺罪。如果已经实施盗窃并控制财物，但为窝藏赃物、抗拒抓捕或毁灭罪证而当场使用暴力或者以暴力相威胁的，由盗窃罪转化为抢劫罪。

法律链接

盗窃的定罪数额标准

《最高人民法院、最高人民检察院关于办理盗窃刑事案件适用法律若干问题的解释》第一条规定：盗窃公私财物价值一千元至三千元以上的认定为"数额较大"、三万元至十万元以上的认定为"数额巨大"、三十万元至五十万元以上的认定为"数额特别巨大"。各省、自治区、直辖市高级人民法院、人民检察院可以根据本地区经济发展状况，并考虑社会治安状况，在前款规定的数额幅度内，确定本地区执行的具体数额标准。目前重庆市的标准是：两千元以上的为"数额较大"，六万元以上的为"数额巨大"，四十万元以上的为"数额特别巨大"。

防范应对课堂

（1）学生宿舍防盗注意事项

①养成随手锁门的习惯。

②不能随便留宿外来人员。

③遇有形迹可疑的陌生人向他问声"好"，并及时报告宿管员或拨打 110 报警。

④房间钥匙不要借给他人。

⑤宿舍内不要存放现金，数额较大的更要及时存入银行。

（2）公共场所防窃注意事项

①勿露财物。外出前应随身携带零钞备用。

②看管好自己的贵重物品，在图书馆、教室、食堂不用书包占座。

提防身边的
"魔术师"

③当身边反复出现一个或几个陌生人时，应提高警惕，看紧自己的随身物品。

④人多拥挤时尤其要注意看护好自己的手机、钱包等贵重物品。

（3）银行卡防盗注意事项

①在人群拥挤的取款机上取钱或 POS 机上消费时，要用身体或手挡住他人视线，谨防密码被窥视。

②在 ATM 机上操作时，对过于靠近机器的人，可礼貌地提醒他

站在 1 米线外。

　　③在 ATM 机上进行操作之前，请留意机身是否异常及周围是否有可疑附加物，如卡口有附加物、张贴的可疑告示、微型摄像头等。一旦发现，请马上不动声色地拨打 110 报警。

　　④切勿采用生日、电话号码、身份证号码等容易被他人破译的数字作密码。上网密码、银行卡密码等各类密码应避免同一化。

　　⑤身份证与银行卡应分开放置，以防同时丢失后给他人盗取提供便利。一旦丢失，请马上与发卡行联系挂失。

　　⑥如果银行卡被吞吃，要马上与银行联系处理。如果发现有人为迹象，请立即报警。

　　⑦在 ATM 机或 POS 机上操作完毕后，千万不要忘记收取银行卡。请勿随意丢弃交易流水单。

　　⑧常用的银行卡尽量开通短信提示。

　　⑨关闭支付宝、微信及绑定银行卡的"小额免密支付"功能，防止被不法分子钻空子，保障资金安全。

（4）外出旅行时防盗注意事项

①在旅途中要时刻观察是否有可疑人员。旅途中，尤其是火车或长途汽车上，千万不要睡得太熟，应时刻保持警醒。

②看管好自己的行李箱，以防被调包。

③贵重物品要随身携带。

（5）防抢夺注意事项

①一般情况下出门尽量不要带大量现金、贵重物品和重要证件。

②如果遭遇摩托车飞车抢夺不要生拉硬拽。遭遇飞车抢夺，要记住不法分子和摩托车的特征，并尽快报案。

③走人行道，尽量不要靠马路太近。

④骑自行车外出时，一定要将包的带子缠绕在车把或者车座上。如果自行车突然出现了故障，切记把车推至安全地带，在保证财物安全的前提下再处理。

（6）防抢劫注意事项

①避免夜间单独外出。抢劫案件发生在夜间的较多，所以，夜间外出一定要结伴而行，避免单独外出，尽可能走自己熟悉的道路，避开一些僻静、黑暗、行人较少的道路或场所。

②对犯罪分子的各种试探、挑衅、纠缠千万不能示弱，以免犯罪

分子认为被害人软弱可欺，从而肆无忌惮地实施犯罪。要一边表现得若无其事，一边积极想办法应对，应从动作、眼神上表现出自己很冷静，不胆怯，为自救争取时间。

③衡量双方的力量对比，然后采取一定的应对措施，做到以跑为先，有人在旁时高声呼救，有条件的可就地找到棍棒、砖石进行防卫等。

④迫不得已时，舍小免大，主动交出少量财物，保证人身安全；但是要注意尺度，不要让犯罪分子觉得自己好欺负，演变为其他的犯罪，如绑架、强奸等。

⑤"迷药"抢劫案件在全国各地都曾发生过，部分地区也曾破获过多起重大，甚至特大麻醉抢劫团伙。这些团伙都是伺机利用迷药作案，一般通过食物、饮料实施麻醉抢劫。对于此类抢劫案件，一定要注意以下三个方面：一是不要抽陌生人给的香烟；二是不要喝陌生人给的酒、饮料；三是中途离开座位时一定要安排朋友或同学照看座位，防止不法分子向你的酒杯或饮料瓶内投放迷药。

第三节 校园贷与敲诈勒索案件的防范与应对

★ 案例导读

大学生小杨为了改善生活状况，通过校内小广告联系上"为梦想分期"的何某，并签订了借贷合同。在经过"手续费""服务费"等盘剥后，小杨实际到手4000元，却被要求分12期偿还9500元。两个多月后的一天，因小杨当期还款到账时间超过了约定的中午12点，何某单方面认定小杨逾期违约，让他立即归还剩余本息7900元，并另付2000元的"逾期费"。小杨没钱还，何某就强迫他再借贷还债，该欠款经过转贷后，最终变成5万多元。

知识广角

三问校园贷

（1）什么是"校园贷"？

校园贷，又称校园网贷，是指一些网络贷款平台面向在校大学生开展的贷款业务。校园贷存在巨大的风险，部分校园贷款平台以"低利率，无须担保抵押，放款快"等为诱饵，诱导大学生进行消费借贷，而贷款平台又在不审核学生实际还款能力的情况下进行放款，导致自制力差的学生过度消费，部分学生还因无偿还能力而形成"以贷养贷"的困局，最终酿成不少悲剧。

（2）校园贷的主要类别？

①专门针对大学生而建立的分期购物平台。

②P2P 贷款平台，主要用于大学生助学和扶持大学生创业。

③知名电商平台提供的消费信贷服务。

（3）大学生为何会频繁利用校园贷借款？

从内因看，部分学生存在不健康的消费观，过度攀比，奢靡消费，没有自我保护意识，在诱惑面前，没有自制能力；从外因看，部分不良的借贷平台利用大学生缺乏社会经验，以低息、低门槛为诱饵，诱骗大学生借贷，之后乱收各种手续费，在大学生无法还贷之后，又推荐其进行再借贷，从而陷入频繁借贷的恶性循环。

天使？恶魔？

防范课堂：校园贷常见类型及安全提示

（1）不良贷

不良贷主要指那些采取虚假宣传、降低贷款门槛、隐瞒实际资费

标准等不合规手段诱导学生过度消费或给学生带来恶意贷款的平台。

典型案例：福建某市大二学生因参与不良校园网贷欠下百万债务跑路。

案例分析：不良校园贷往往存在费率不明、贷款门槛低、审核不严、催收手段不文明、风险难控、风险易被转嫁给家庭、校园代理人无资质等风险问题，应加以识别。

安全提示：要坚决抵制使用"不良校园贷"，不轻易使用校园贷，对于一些临时性资金需求应向家人或学校求助。

（2）多头贷

多头贷主要指从多个校园贷平台进行贷款，形成一种"以贷还债"式的多头贷。

典型案例：河南某大学生在"诺诺镑客""名校贷"等10多个校园金融平台贷款近60万元后，因过度借贷导致跳楼身亡。

案例分析："多头贷"的问题不仅仅在于校园贷平台是否正规，更在于从多个校园贷平台进行贷款时直接导致的还款压力问题。

安全提示：要树立正确的消费观，高度警惕因"多头贷"极易产生的巨额还款压力问题。

（3）传销贷

传销贷主要指不法分子借助校园贷款平台招募大学生作为校园

代理并要求发展学生下线进行逐级敛财。

典型案例：吉林破获涉 150 余名大学生传销式敛财类校园贷诈骗案，主人公郑某以兼职代理身份发展下线并进行逐级提成。

案例分析：是否需要上交会费、是否让发展下线、是否进行逐级提成是判断传销的三个标准。案例中涉案学生既是受害者又是作案人，多数学生是在并不知情和利益驱使下被不法分子利用。

安全提示：了解传销诈骗的三个判断标准，也要对各类以"校园贷款"名义进行的有关兼职代理保持警惕，谨防落入传销组织。

（4）刷单贷

刷单贷主要是指不法分子利用大学生求职心理，以贷款购物刷单获取佣金名义进行的新型诈骗。

典型案例：南京一学生陈某受诱惑驱使从事"刷单"购手机，不料在成功分期购买手机后，实际使用方拒不分期付款并消失。

案例分析：帮"刷单"买手机返佣金，手机实际使用方拒不分期付款，此种诈骗与以往刷单兼职诈骗如出一辙。

安全提示：要高度警惕典型"贷款购物"刷单兼职骗局，求职时一定要选择正规、信誉高的单位，谨防"好心人"主动介绍工作行为。

（5）裸条贷

裸条贷主要指不法债主通过要挟借贷者以裸照或不雅视频作为贷款抵押证据的行为。

典型案例：福建某市大二学生因卷入"裸条"校园贷，不堪还债压力和催债骚扰，烧炭自杀。

案例分析："裸条贷"往往给借贷者造成心理上的压力，致使借贷人不堪其扰而采取极端做法。

安全提示：一旦陷入裸条陷阱，要主动向学校报告自己的借贷信息，并及时报警。

（6）培训贷

打着金融创新旗号的"培训贷"实为"校园贷"的新变种，专门坑骗涉世未深的大学生。

典型案例：广州某教育机构以"培训课程费"为由诱骗大学生参加"即分期"贷款，致使 270 名学生惨遭诓骗。

案例分析：此类校园贷诈骗实为诈骗分子通过虚假宣传方式诱骗学生参加贷款缴费。

安全提示：要树立正确消费观和金钱观，增强自我保护意识，对涉及校园贷款的项目要三思，并及时向学校或家人求助。

法律链接

敲诈勒索罪入罪标准

《中华人民共和国刑法》第二百七十四条：敲诈勒索公私财物，数额较大或者多次敲诈勒索的，处三年以下有期徒刑、拘役或者管制，并处或者单处罚金；数额巨大或者有其他严重情节的，处三年以上十年以下有期徒刑，并处罚金；数额特别巨大或者有其他特别严重情节的，处十年以上有期徒刑，并处罚金。

《最高人民法院　最高人民检察院关于办理敲诈勒索刑事案件适用法律若干问题的解释》第一条、第二条、第四条的规定，敲诈勒索罪数额认定标准如下：

①敲诈勒索公私财物"数额较大"，以二千元至五千元为起点；

②敲诈勒索公私财物"数额巨大"，以三万元至十万元为起点；

③敲诈勒索公私财物"数额特别巨大"，以三十万元至五十万元为起点。

典型案例：龚某某、何某某等人经常纠集在一起，组成较为固定的犯罪组织，采取先与借款学生签订高息贷款合同，后肆意认定借款学生违约，然后采取强行催收全部借款等手段，逼迫借款学生向他人借款转嫁债务，多次以"违约费""催收费""服务费""中介费"等名目，敲诈勒索6名被害学生共计人民币42648元。法院审理认为，五名被告人以非法占有为目的，采取要挟手段，多次勒索他人财物，其行为均已构成敲诈勒索罪，分别判处被告人龚某某、何某某有期徒刑三年，赵某某、余某某、汪某某有期徒刑二年、一年六个月和十一个月，并处罚金共计 3.6 万元。

安全箴言：校园贷的本质是民间借贷，属于民事法律范畴。若贷款平台（人）以暴力或胁迫的方式，实施了肆意认定违约、胁迫转贷、暴力催收等行为，则有可能构成敲诈勒索罪。当前校园贷日益蔓延、渗透，广大师生不仅要树立正确的价值观和消费观，还要积极学习法律，提高违法犯罪识别能力，加强自我保护意识，要勇于运用法律的武器保护自己的合法权益。

第五章　消防安全

第一节　火灾的预防

★ 案例导读

　　2023 年 4 月 6 日 22 时许，北京市丰台区居民周某在卧室桌上为电动自行车使用的锂电池充电，次日 4 时许，充电中的锂电池突然爆炸引发火灾，造成 2 人死亡、1 人受伤。法院判决：周某犯失火罪，判处有期徒刑四年六个月。

知识广角

燃烧的基本条件

　　①可燃物：凡能与空气中氧或其他氧化剂起剧烈反应的物质，一般都是可燃物质，如木材、纸张、汽油等。

　　②助燃物：凡能帮助和支持燃烧的物质就叫助燃物，一般指氧和氧化剂。

　　③火源：凡能引起可燃物质燃烧的能源都叫火源，如明火、摩擦、电火花等。

防范应对课堂

　　①不在宿舍内使用违章电器设备，如电饭锅、电热毯等。

　　②不乱接电源，不乱拉电线；防止电器设备"带病"工作或超负荷运转。

　　③离开宿舍时关闭电源开关，拔下电源插头。

④不在宿舍内点蜡烛、焚烧物品、动用明火。

⑤不乱扔烟头，不躺在床上吸烟；打火机不放在热源附近，不放在阳光照射的地方。

⑥不在宿舍内使用和存放易燃易爆物品（烟花爆竹、汽油、煤油、液化气等）。

⑦不要将台灯靠近枕头、被褥和蚊帐。

⑧规范电动车停放充电，将电动车停放在安全地点，充电时应当确保安全。严禁在宿舍内、建筑内的共用走道、楼梯间、安全出口处等公共区域停放电动车或为电动车充电。

⑨严禁占用、堵塞或擅自封闭消防疏散通道。

⑩爱护消防设施和消防器材，不肆意破坏或随意挪用。

⑪学习和掌握必要的消防自救逃生知识，了解和熟悉距离最近的逃生路线。

法律链接

①《中华人民共和国消防法》第六十四条提到"过失引起火灾的"时，如是阐述：违反本法规定，有下列行为之一，尚不构成犯罪的，处十日以上十五日以下拘留，可以并处五百元以下罚款；情节较轻的，处警告或者五百元以下罚款。

②《中华人民共和国刑法》第一百一十五条：放火、决水、爆炸以及投放毒害性、放射性、传染病病原体等物质或者以其他危险方法致人重伤、死亡或者使公私财产遭受重大损失的，处十年以上有期徒刑、无期徒刑或者死刑。过失犯前款罪的，处三年以上七年以下有期徒刑；情节较轻的，处三年以下有期徒刑或者拘役。

互动课堂

你在宿舍使用过违章电器吗？你曾做过哪些危害消防安全的行为？

宿舍防火与自救

第二节　火灾的应对与处置

★ 案例导读

赣州瑞金市某生产车间突发火灾，两名员工发现火情后，一名员工立即冲上前将电源关闭，并拨打 119 火警电话，另一名员工则手提灭火器进行灭火。为尽快将火势扑灭，他们又迅速召集厂内员工帮忙，随后，大家纷纷参与火灾处置，仅灭火器就用完 20 余个，消防员赶到现场后，明火已被成功扑灭，由于扑救及时未造成更大损失。据了解，该单位员工通过消防安全演练培训，基本上小火会用灭火器，大火会用消火栓。

相比之下浙江某日用品有限公司发生重大火灾则应归咎于员工应急措施不当。火灾发生时，救火者居然用嘴吹、用扇子扇，而就在附近的灭火器却一直没有使用，导致 19 人死亡、3 人受伤。

知识广角

灭火器的分类与使用方法

灭火器按所充装的灭火剂可分为：干粉灭火器、二氧化碳灭火器和泡沫灭火器等。

①干粉灭火器：适用于扑救易燃可燃液体和带电电气设备的火灾，还可扑救固体类物质的初起火灾。使用方法：可手提或肩扛灭火器距火源 2～3 米处（室外灭火应选择在上风方向），取掉铅封

拔下保险销，一只手握住喷射管前端，另一只手用力按下压把，对准火源根部进行灭火。

②二氧化碳灭火器：适用于扑救易燃可燃液体和带电电气设备的火灾，主要用于扑救贵重设备、档案资料、仪器仪表、600伏以下电气设备及油类的初起火灾。使用方法：拔出保险销，一只手握住喇叭筒根部的手柄，另一只手紧握启闭阀的压把。对没有喷射软管的二氧化碳灭火器，应把喇叭筒往上扳70～90度。使用时，不能直接用手抓住喇叭筒外壁或金属连接管，以防手被冻伤。在室外使用时，应选择在上风方向喷射；在室内窄小空间使用时，灭火后操作者应迅速离开，以防窒息。

③泡沫灭火器：一般能扑救固体可燃材料和易燃可燃液体类火灾，当电器发生火灾，电源被切断后，也可以用泡沫灭火器进行扑救。使用方法：手提灭火器上部的提环（注意不得使灭火器过分倾斜，更不能横拿或颠倒），根据不同种类的泡沫灭火器要求，与火源保持足够的安全距离，把灭火器颠倒过来呈垂直状态，用劲上下晃动几下，然后放开喷嘴。右手抓筒耳，左手抓筒底边缘，喷嘴朝向燃烧区，并不断前进，兜围着火焰喷射，直至把火扑灭。

安全箴言：消防设施别乱动，扑救火灾有大用。

手提式干粉灭火器使用方法

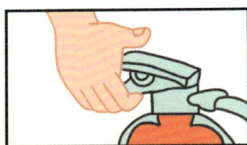
1. 提起灭火器

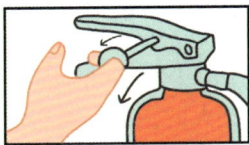
2. 拔下保险销

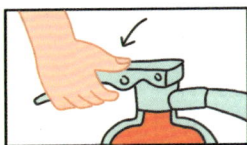
3. 用力压下手柄

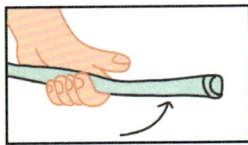
4. 对准火源根部扫射

注意：请按时更换灭火器以免过期

防范应对课堂

（1）拨打火警电话的注意事项

①牢记火险报警电话号码"119"。

②报火警时，要沉着冷静，陈述正确简洁。向消防部门讲清着火单位或地点，讲清所处的区（县）、街道、门牌号码及楼号楼层情况。

③要讲清是什么物品着火，火势怎样。

④要讲清报警人的姓名和电话。

⑤报警以后，迅速组织人员到附近的路口等候和引导消防车前往火场。

⑥在没有电话的情况下，应大声呼喊或采取其他方法引起周围人群的注意。

（2）灭火的注意事项

①固定家具着火时，先用容器接水扑救，如果火势较大难以控制，可用室内消火栓扑救。

②电器起火时，首先要切断电源，用干粉或二氧化碳灭火器扑救。（注意事项：在没有切断电源的情况下，千万不能用水或泡沫灭火剂扑灭电器火灾，否则，扑救人员随时都有触电的危险。）

③油锅起火，可盖上锅盖或灭火毯进行灭火。

④密闭房间着火时，注意不要急于开启门窗，以防止空气进入加大火势。

⑤衣服、织物及小件家具着火时，将着火物拿到室外或卫生间等安全处用水浇灭，不要在家里扑打，以免引燃其他可燃物。

⑥煤气、液化气灶着火时，应立即关闭进气阀门，用湿布、湿围裙或湿毛毯压住火苗，迅速移开气瓶、油瓶等易燃易爆物。

（3）使用室内消火栓的注意事项

室内消火栓是室内消防管网向火场供水灭火的室内固定消防设施，通常安装在消火栓箱内，与消防水带和水枪等器材配套使用。

使用方法：打开消火栓箱门，延伸水带，将水带的一端与水枪连接，另一端接口与消火栓接口连接（如室内消火栓箱内或旁边装有消火栓按钮，应按压消火栓按钮），按逆时针方向旋转消火栓手轮，对准火点进行喷水灭火。

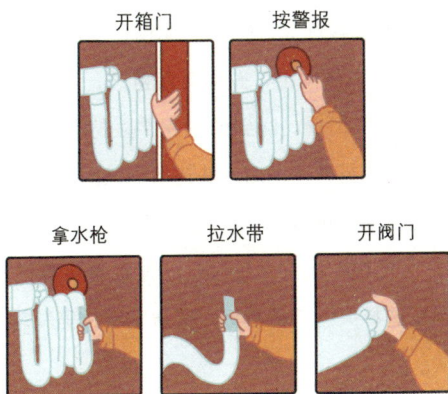

开箱门　按警报

拿水枪　拉水带　开阀门

法律链接

《中华人民共和国消防法》第五条：任何单位和个人都有维护消防安全、保护消防设施、预防火灾、报告火警的义务。任何单位和成年人都有参加有组织的灭火工作的义务。

《中华人民共和国消防法》第四十四条：任何人发现火灾都应当立即报警。任何单位、个人都应当无偿为报警提供便利，不得阻拦报警。严禁谎报火警。

互动课堂

同学们，请你找一找，在学生宿舍、教学楼、实验室里有哪些消防设施和器材。你会使用吗？

第三节　火场逃生

★ 案例导读

福建某市一居民家中发生火灾，一对被困父女冷静处置，等待救援，最终成功自救逃生。火灾发生时，家在 10 楼的蔡先生被一股热浪惊醒，当蔡先生起床查看时，发现客厅满是浓烟。他迅速退回卧室，关闭房门，让10 岁的女儿躲进卧室的卫生间里，并面对着窗户，呼吸新鲜空气。而后，蔡先生用湿毛巾堵住卧室门缝，回到卫生间并拨打了 119 报警。消防救援人员很快赶到现场，成功打开房门后，快速找到被困的父女俩，将其疏散到安全地带。与此同时，明火也被扑灭。

事后，蔡先生回忆说，火灾发生后自己能沉着冷静地报警，遇到浓烟没有盲目逃生，而是选择关门等待救援，得益于平日里学习到的消防安全知识和自救逃生办法。

知识广角

火场逃生的误区

误区一：原路脱险。火灾中，人们会习惯性表现为只会奔向经常使用的出入口和楼梯疏散，即使那里已挤成一团，还是争相夺路不肯离去。殊不知，此时也许已失去最佳逃生机会。

误区二：向光亮处逃生。人有向光习性，危急情况下，总是向明亮的方向逃生。但火场中，90% 的可能是电源已被切断或已造成短路、跳闸等，光亮之地正是最危险的地方。

误区三：盲目追随。当人的生命突然面临危险状态时，极易因惊慌失措而失去正常的判断能力，当听到或看到有人在前面跑动时，第一反应就是紧紧地追随，许多群死群伤火灾的发生，都与这种盲从心理带来的消极后果密切相关。

防范应对课堂

①熟悉环境，保持冷静。

如果你来到陌生的地方，特别是在商场、宾馆等庞大建筑物中，务必留意安全出口及疏散通道的位置、楼梯的方位等；一旦发生火灾，一定要强令自己保持镇静，切不可惊慌失措，以免做出错误的决断而冒险跳楼或迷失方向。

②善用通道，莫入电梯。

发生火灾千万不可乘坐电梯逃生，应该沿烟气不浓、大火尚未烧及的楼梯、应急疏散通道、楼外附设敞开式楼梯等往下逃生，一旦在逃生过程中受到烟火或人为封堵，应从水平方向选择其他通道，或临时退守到房间或避难层内争取时间，进而采用其他方法逃生。

③保护口鼻，低姿前进。

穿过浓烟逃生时，要尽量使身体贴近地面，在有条件的情况下可用折叠8层的湿毛巾或其他棉织物捂住口鼻，保护呼吸系统。

④身上着火，就地打滚。

如发现身上着火，千万不要奔跑，可就地打滚或用厚重的衣物压灭火苗。

⑤堵塞门户，固守救援。

如果用手背摸房门感到烫手，说明房外火势较大，此时务必紧闭门窗，并用毛巾、被子堵塞门窗缝隙，并泼水降温，顶住烟火进攻。

⑥敲盆晃物，寻求救援。

若所在逃生线路被大火封锁，要立即退回室内，用打手电筒、挥舞衣物、敲击有声金属制品等方式向窗外发送求救信号，等待救援。

⑦既已逃生，勿念财物。

在火灾的发展阶段，当你重返室内，极易遇上可燃物发生"轰燃"，即使火势得到暂时控制也还有复燃的可能，如你试图重返去灭火、找家人或抢救财产，往往会人财两空。

法律链接

《中华人民共和国消防法》第二十八条：任何单位、个人不得损坏、挪用或者擅自拆除、停用消防设施、器材，不得埋压、圈占、遮挡消火栓或者占用防火间距，不得占用、堵塞、封闭疏散通道、安全出口、消防车通道。人员密集场所的门窗不得设置影响逃生和灭火救援的障碍物。

互动课堂

火场求生，家里的哪些物品能派上用场？

第六章 交通出行安全

第一节 交通安全常识

★ 案例导读

　　2024 年 9 月 27 日，某高校大一女生小木未佩戴头盔搭乘同学驾驶的共享电动车返回宿舍，途中意外摔倒，头部着地伤势严重，昏迷不醒。10 月 28 日，在 ICU 中昏迷了 31 天的小木不幸离世，死亡原因为硬膜下出血、脑疝。

知识广角

幸"盔"有你

　　《中华人民共和国道路交通安全法》第五十一条规定："摩托车驾驶人及乘坐人员应当按规定佩戴安全头盔。"摩托车、电动自行车俗称"肉包铁"，安全防护性能弱。当事故发生时，头盔可吸收大部分撞击力，起到缓冲、减震的保护作用，正确佩戴安全头盔能够将交通事故死亡风险降低 60% 至 70%。发生事故时，不戴头盔头部损伤率是戴头盔的 2.5 倍，致命损伤率是戴头盔的 1.5 倍。头盔对于摩托车、电动自行车的驾驶者来说是"保命神器"，是遇到危险时的最后一道防线。

防范应对课堂

　　（1）如何正确佩戴头盔？

　　1）量与调

　　量好头围，确定头盔尺码，佩戴时需将后部调节器开到最大。

2）水平佩戴

不可前仰或者后翘。

3）调整松紧

将调节器旋紧，直到头盔不晃动并感觉舒适。

4）调整高度

应使耳朵的位置正好位于头盔两侧前后两条织带中间。

5）调整长度

头盔插口合上后，下颚处以留有一指的空隙为宜。

（2）"骑乘"交通安全常识

1）路要正

《中华人民共和国道路交通安全法》第五十七条："非机动车应当在非机动车道内行驶；在没有非机动车道的道路上，应当靠车行道的右侧行驶。"在机动车道尽情骑行电动自行车是十分危险的行为。

2）灯要看

《中华人民共和国道路交通安全法》第二十六条："交通信号灯由红灯、绿灯、黄灯组成。红灯表示禁止通行，绿灯表示准许通行，黄灯表示警示。"闯红灯是对自己和他人生命不负责任的行为。

3）不争先

《中华人民共和国道路交通安全法》第五十八条："电动自行车在非机动车道内行驶时，最高时速不得超过十五公里。"《中华人民共和国道路交通安全法实施条例》第七十二条："在道路上驾驶电动自行车应遵守下列规定：（六）不得扶身并行、互相追逐或者曲折竞驶。"超速、逆行、乱穿插等行为，严重影响其他车辆及行人正常通行。

4）不载人

全国部分省市如北京市、上海市的非机动车管理办法，均规定仅限在电动自行车后座搭载 1 名 12 周岁以下未成年人。载人骑行易改变车辆重心，造成车头不稳，影响制动，难以掌握平衡。

（3）行人交通安全常识

①通过马路时，请走人行横道。遵守交通信号灯指示，绿灯亮时，可通行；红灯亮时，禁止通行。

②不穿越、攀爬道路护栏。

③设有过街天桥、隧道或人行横道的区域，一定要走过街设施或人行横道。

④不在机动车道上打闹、玩耍、跑跳。

互动课堂

　　近年来校园内交通事故率呈上升趋势，造成校园交通事故频发的主要原因是什么？如何避免校园交通事故？

第二节　出行安全

★ 案例导读

　　2024 年 6 月 13 日 21 时 30 分许，汪某驾驶轻型封闭货车从某市某区摩登时代广场往铁山路方向行驶，当行驶至璧山区金剑路与紫竹三路路口时，撞上人行横道上的行人，造成车辆受损，行人受伤后经抢救无效死亡。事故发生后，汪某驾驶轻型封闭货车逃离事故现场，后被民警抓获。经查，肇事司机汪某为酒后驾驶，害怕被处罚，肇事逃逸。

知识广角

酒驾与醉驾

　　驾驶机动车的驾驶员血液中的酒精含量为 ≥ 20 mg/100 mL，

且＜ 80 mg/100 mL 的，属于酒后驾驶；如果血液中的酒精含量≥ 80 mg/ 100 mL 的，则属于醉酒驾驶。

饮酒后驾驶机动车的，处暂扣六个月机动车驾驶证，并处一千元以上二千元以下罚款。因饮酒后驾驶机动车被处罚，再次饮酒后驾驶机动车的，处十日以下拘留，并处一千元以上二千元以下罚款，吊销机动车驾驶证。

醉酒驾驶机动车的，构成危险驾驶罪，应判六个月以下拘役，并处罚金；由公安机关交通管理部门吊销机动车驾驶证，五年内不得重新取得机动车驾驶证。

防范应对课堂

（1）自驾车出行安全

①驾车上路行驶前，检查车辆性能，不得驾驶有故障的车辆上路。

②遵守交通规则，注意行车安全，通过桥梁、隧道、路口时注意减速慢行。

③养成良好的驾车习惯，转向、超车、会车时，一定要有相应的提示。

④不得有拨打接听手持电话、观看视频等妨碍安全驾驶的行为。

⑤不得疲劳驾驶，酒后驾驶。

⑥雨雾天气能见度较低的情况下，行车应注意控制车速，尽量靠公路中间低速行驶，并保持一定的车距，不要轻易超车。

⑦夜间行驶尽量不要开启远光灯，无路灯道路可用远光，对面来车时，改用近光，安全会车。

（2）网约车出行安全

①尽量不要独自乘坐网约车去人少偏僻的地方，尤其在夜间。

②搭乘网约车尽量选择走人多繁华的大路，不要走偏僻小路。

③上车前进入约车 App，将车辆信息及行车路线分享给家人或朋友。

④独自乘车时，在车上保持与家人或朋友的联系，手机不要关机。

⑤尽量避免与司机发生争执，以免发生意外。

⑥上车后尽量坐在车后排的位置，不要坐在副驾驶位置，天气允许的情况下尽量将车窗降下来，以便发生紧急情况时呼救。

⑦乘车时随时注意行车路线，不要玩手机或睡觉。

⑧不与陌生人拼车。

⑨发现情况不对，立即报警或求救。

（3）乘火车出行安全

①通过正规售票渠道买票。

②不带危险品上车。

③不随身携带大量现金。

④不在候车室睡觉。

⑤不给陌生人留电话号码。

⑥不将行李交陌生人看管。

⑦不吸食陌生人给的香烟、食品、饮料。

⑧不参与旅途赌博。

⑨小心行李被"调包"。

（4）乘飞机出行安全

①按航空公司指定时间提前到达机场。

②请勿过量携带随身行李，并做好保管。

③严禁携带危险物品上飞机。

④飞机出现险情，不要惊慌失措，应听从机组人员的指挥。

⑤飞机可能迫降时，应立即取下身上的锐利物品，穿上所有的衣服，戴上手套和帽子，脱下高跟鞋，将杂物放入座椅后面的口袋里，扶直椅背，收好小桌板，系好安全带，用毛毯、枕头垫好腹部，以防冲击时受到身上锐利物品的伤害。

⑥飞机迫降时，一般采用前倾后屈的姿势，即头低下，两腿分开，两手用力抓住双脚。当听到机长发出最后指示时，旅客应按上述动作，作好冲撞的准备。在飞机触地前一瞬间，应全身用力，憋住气，使全身肌肉处于紧张对抗外力的状态，以防猛烈的冲击。

互动课堂

1.假设你乘坐网约车遇到危险，应如何脱险？

2.对于出现的霸座现象，应如何应对？

第三节　交通事故的应对与处置

★ 案例导读

2024年9月6日凌晨0时58分许，云南玉溪一辆小轿车在道路上正常行驶时，突然有一辆电动自行车迎面逆行而来，双方均避让不及，导致猛烈相撞。电动自行车及驾驶人白某当场被撞飞，而白某未戴头盔致头部受伤，幸无生命危险。经查，白某醉酒驾驶非机动车逆行导致事故，负全部责任，不仅自己要承受身体受伤的痛，还要赔偿小轿车一方10多万元的车损。

知识广角

交通事故责任

公安机关交通管理部门根据当事人的行为对发生道路交通事故所起的作用以及过错的严重程度，确定当事人的责任。因一方当事人的过错导致道路交通事故的，承担全部责任；因两方或者两方以上当事人的过错发生道路交通事故的，根据其行为对事故发生的作用以及过错的严重程度，分别承担主要责任、同等责任和次要责任；各方均无导致道路交通事故的过错，属于交通意外事故的，各方均无责任。一方当事人故意造成道路交通事故的，他方无责任。

发生交通事故后当事人逃逸的，逃逸的当事人承担全部责任。但是，有证据证明对方当事人也有过错的，可以减轻责任。当事人故意破坏、伪造现场、毁灭证据的，承担全部责任。

机动车与非机动车驾驶人、行人之间发生交通事故，非机动车驾驶人、行人没有过错的，由机动车一方承担赔偿责任；有证据证明非机动车驾驶人、行人有过错的，根据过错程度适当减轻机动车一方的赔偿责任；机动车一方没有过错的，承担不超过百分之十的赔偿责任。交通事故的损失是由非机动车驾驶人、行人故意碰撞机动车造成的，机动车一方不承担赔偿责任。

法律链接

交通肇事逃逸是指行为人在发生交通事故后，为逃避法律追究而逃跑的行为。《中华人民共和国刑法》规定，交通肇事后逃逸或者有其他特别恶劣情节的，处 3 年以上 7 年以下有期徒刑；因交通肇事逃逸致人死亡的，处 7 年以上有期徒刑。

防范应对课堂

（1）发生交通事故后处置的注意事项

①在道路上发生交通事故，车辆驾驶人应当立即停车，保护现场。

②对于未造成人身伤亡的交通事故，当事人对事实及成因无争议的，可以即行撤离现场，恢复交通，自行协商处理损害赔偿事宜；不即行撤离现场的，应当迅速报告执勤的交通警察或者公安机关交通管理部门。

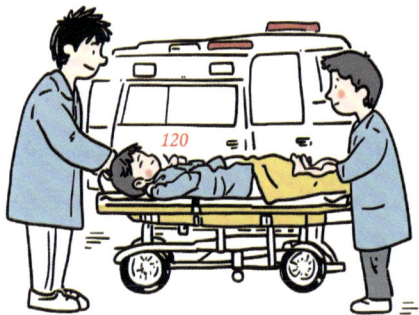

③在道路上发生交通事故，仅造成轻微财产损失，并且基本事实清楚的，当事人应当先撤离现场再进行协商处理。

④有人身伤亡的交通事故，车辆驾驶人应当立即抢救受伤人员，并迅速报告执勤的交通警察或者公安机关交通管理部门。

⑤因抢救受伤人员变动现场的，应当标明位置。

⑥发生交通事故，切勿肇事逃逸。

⑦对肇事逃逸车辆，记下车牌，立即报警求助。

（2）交通事故现场保护的注意事项

①不得随意移动现场上的任何车辆、物品，并要劝阻围观群众进入现场。对于易消失的路面痕迹、散落物，应该用塑料布等可能得到的东西加以遮盖。

②抢救伤者、移动车辆时，应做好标记。

③将伤者送到医院后，应告知医务人员对伤者衣物上的各种痕迹（如轮胎花纹印痕、撕脱口）进行保护。

④发生事故后，要持续开启危险报警闪光灯，并在来车方向50米以外放置警告标志，以免次生事故发生。

⑤对出现油箱破裂、燃油泄漏的情况，除及时报警外，应做好初步防范措施。燃油起火时，不能用水灭火，要用沙子、泥土覆盖。

互动课堂

交通事故现场保护的注意事项有哪些？

第七章　信息安全与网络行为规范

第一节　网络购物信息安全隐患

★ 案例导读

"网购达人"刘某某天突然收到一个"网店客服"的消息："为感谢您双十一期间的惠顾，店铺将给您返现金30元。"刘某此前经常参与商家返利活动，因此没多考虑就按要求提供了收款人的姓名、身份证、银行卡和手机号。紧接着，"客服"以刘小姐的身份信息核对有误为由，让她扫描二维码，随后"客服"提示核对成功，请等待收款。结果刘某等到的却是自己的银行卡被骗子盗刷了3000元。

知识广角

中国网民数量及特点

根据2024年8月中国互联网络信息中心发布的《中国互联网络发展状况统计报告》，截至2024年6月，我国网民规模为11亿人，手机网民规模达 10.96 亿人，网民中使用手机上网的比例为 99.7%。我国网民男女比例为 50.8 ：49.2，与整体人口中男女比例基本一致。50 岁及以上网民群体占比为 33.3%，互联网进一步向中老年群体渗透。网民的数字素养和技能水平持续提升。

防范应对课堂

（1）切勿乱扫二维码

诈骗分子在网上下载一款"二维码生成器"，再将病毒程序的网址粘贴到二维码生成器上，就可以生成一个"有毒"的二维码。利用这些二维码，诈骗分子会将手机木马病毒植入被害人手机并自动提取相关信息，短短几秒钟的时间，手机号、卡号、密码等私人信息可能已经传到他人手中。

不要贪图便宜随便扫描未知二维码。扫描后若要求填写个人账户信息，应当坚决拒绝，不要犹豫。手机安装正规防病毒软件，定期扫描手机安全性。

（2）谨慎处理快递单

快递单上包含了姓名、电话、家庭住址，甚至喜好和消费习惯等个人信息，通过这些信息以及公开的网站平台、社交工具等，完全能够拼凑出你的年龄段、工作（学习）单位、消费习惯、经济能力等。骗子利用这些隐私信息有针对性地"定制"骗局。

因此，要注意选择正规的快递公司，取包裹前核实信息，丢弃快递前，用油性笔、纸巾沾水、修正液、美工刀等将收件人、发件人、快递单号都涂抹掉，包括自己的签字必须涂抹干净。

（3）在有正规经营资质的网站购物

正规购物网站都标有网上销售经营许可证号码和工商行政管理机关红盾标志，消费者可点击进入查询。网络购物，最好采取第三方中介的形式，如淘宝，这样才能有安全保障。如果对方要求你留下联系方式，双方到网下私下交易，请不要相信，这多半是骗局。

互动课堂

收到陌生短信称购物受阻需要退款，请你提供身份信息，应该怎么办？

第二节　手机信息安全隐患

★ 案例导读

王某在某次出差途中手机没电了，恰巧周围没有充电插座，一名"热心"路人将自己的充电宝借给王先生使用。次日，王先生接到陌生电话，对方称手里掌握有王先生的所有信息，包括家人的照片、银行卡密码、商业谈判资料等，以此要挟王某拿出 3000 元赎金。经警方调查，王某的信息泄露源头居然就是随意借用他人的充电宝。

知识广角

你的手机安全吗?

随着智能手机的逐步升级与普及,手机与我们的生活越来越密切,但因手机信息泄露、手机病毒感染等引发的安全事件也越来越普遍。你的手机安全吗? 一般来说,智能手机系统会定期发布升级补丁,但一般智能手机用户基本不进行升级操作。此外,手机出厂时都有一些自带软件,而部分自带软件缺乏安全性。特别是安卓操作系统,其源代码是公开的,窃密者可获得源代码、发现漏洞、编辑病毒,对目标手机实施攻击,埋下安全隐患。智能手机信息安全的威胁主要来自手机病毒,而手机病毒的主要载体是各类应用软件。如此庞大的应用软件中存在漏洞,很可能成为攻击者窃取用户手机数据的重要渠道。

防范应对课堂

①在公共场所不要连接未知的 Wi-Fi。在未知的 Wi-Fi 信号下不要输入 QQ、微信、游戏、银行、支付宝等密码。不将自己家的 Wi-Fi 密码共享,要定期修改密码。

②从正规渠道购买移动充电设备,尽量不借用他人充电设备,最好使用直充电源,谨慎使用公共场所提供的免费充电接口,手机在连接"问题"充电宝后,不要点击提示的"信任"选项。

③在出售旧手机之前务必删除个人信息,拔出手机卡及存储卡。

找专业人士帮助清除手机信息。解除手机应用软件所关联的服务。

④不要暴露平常外出的日程、行踪，不要晒贵重物品等。不要随意发布火车票、飞机票、护照、车牌及姓名等信息。在社交软件设置中增加好友验证功能，关闭"附近的人"和"所在位置"等功能。

互动课堂

在公共场所是否可以随意连接免费 Wi-Fi？

第三节　网络行为规范

★ 案例导读

某市网民吴某（男，27 岁）在短视频上传播一则红绿灯自燃视频，配文"最近别来某市旅游，红绿灯都热燃了"，并在评论区表示事发地系某市主城区，引发大量网民关注和议论。经公安机关核查，吴某为吸引流量、博人眼球，将多年前发生在外省的红绿灯短路自燃事件"移花接木"至某市，造成广大市民担忧恐慌，扰乱公共秩序，造成不良社会影响。吴某对其违法行为供认不讳，某市某区公安分局已依法对吴某处以行政处罚。

知识广角

保障网络安全有法可依

《中华人民共和国网络安全法》是为保障网络安全，维护网络空间主权和国家安全、社会公共利益，保护公民、法人和其他组织的合法权益，促进经济社会信息化健康发展而制定。由全国人民代表大会常务委员会于 2016 年 11 月 7 日发布，自 2017 年 6 月 1 日起施行。

《中华人民共和国网络安全法》是我国第一部全面规范网络空间安全管理方面问题的基础性法律，是我国网络空间法治建设的重要里程碑，是依法治网、化解网络风险的法律重器，是让互联网在法治轨道上健康运行的重要保障。

防范应对课堂

①严格自律，依法上网。大学生要模范遵守国家法律法规，自觉对网上行为负责，讲诚信、守底线、不信谣、不传谣，远离网络欺诈、网络暴力，用从自身做起的点滴努力，为法治网络、法治国家建设添砖加瓦。

②传播美好，文明上网。大学生要积极弘扬社会主义核心价值观，传播崇尚奋斗、崇尚美德的思想观念，为励志进取点赞，为好人善举点赞，对假恶丑现象坚决说不，让我们的网络空间风清气正、充满阳光。

③明辨是非，理性上网。面对片面极端的思潮、别有用心的言论，大学生要拿出青年的正义感和担当精神，理直气壮地倡导正确思想、驳斥错误言论，不让网络成为消减国家发展信心、瓦解民族凝聚力、妨碍社会平安稳定、影响青年健康成长的负面舆论场。

法律链接

《中华人民共和国网络安全法》第十二条规定：任何个人和组织使用网络应当遵守宪法法律，遵守公共秩序，尊重社会公德，不得危害网络安全，不得利用网络从事危害国家安全、荣誉和利益，煽动颠覆国家政权、推翻社会主义制度，煽动分裂国家、破坏国家统一，宣扬恐怖主义、极端主义，宣扬民族仇恨、民族歧视，传播暴力、淫秽色情信息，编造、传播虚假信息扰乱经济秩序和社会秩序，以及侵害他人名誉、隐私、知识产权和其他合法权益等活动。

《中华人民共和国刑法》第二百九十一条之一第一款规定：【编造、故意传播虚假恐怖信息罪】投放虚假的爆炸性、毒害性、放射性、传染病病原体等物质，或者编造爆炸威胁、生化威胁、放射威胁等恐怖信息，或者明知是编造的恐怖信息而故意传播，严重扰乱社会秩序的，处五年以下有期徒刑、拘役或者管制；造成严重后果的，处五年以上有期徒刑。

《中华人民共和国刑法》第二百八十六条之一规定：【拒不履行信息网络安全管理义务罪】网络服务提供者不履行法律、行政法规规定的信息网络安全管理义务，经监管部门责令采取改正措施而拒不改正，有下列情形之一的，处三年以下有期徒刑、拘役或者管制，并处或者单处罚金：

（一）致使违法信息大量传播的；

（二）致使用户信息泄露，造成严重后果的；

（三）致使刑事案件证据灭失，情节严重的；

（四）有其他严重情节的。

单位犯前款罪的，对单位判处罚金，并对其直接负责的主管人员和其他直接责任人员，依照前款的规定处罚。

互动课堂

规范网络行为的法律规定有哪些？

第八章　心理安全

★ 案例导读

2016 年，某市警方发布的一则悬赏通告在网上迅速传播。通告称，2 月 14 日情人节，警方发现一名女子死在该市一所中学教职工宿舍内，其 22 岁的儿子吴某有重大作案嫌疑，警方悬赏数万元缉捕。2019 年，吴某在另一城市机场被逮捕。吴某曾是某知名高校学生，但就是这样一个在同学与亲属眼中的"完美小孩"，竟然做出弑母的恶行。2024 年，吴某被执行死刑。

知识广角

佛系青年与丧文化心理

佛系青年与世无争的无所谓心态，自嘲式的宣泄，用"丧"来表达负面情绪是当前流行于年轻人当中的亚文化心理状态。这一文化现象，一方面可以帮助年轻人用自嘲式的口吻应对各种社会压力，坦然（无奈）接受某种事实，以期达到自我保护的目的；但另一方面，长期沉浸在负面语境之中，难免会产生消极悲观的情绪，从而影响对待未来生活、周边人群的态度，这种消极的"自我预言"对青少年个人的成长以及社区的和谐稳定，都存在着巨大的影响。

防范应对课堂

（1）大学生常见的心理健康问题

①学业方面。表现为考试焦虑、过分看重绩点、学习压力过大、

负担过重、专业不理想、厌学情绪严重、学习动力缺乏、学习欲望丧失、学习意义感低、学业效能感受损。

身边的黑衣人

②人际关系方面。表现为沟通不良、交往恐惧、人际冲突、关系失调、孤独封闭、缺乏社交技能等，从而产生自卑、自负、嫉妒、冷漠等不健康心态。

③恋爱与性方面。表现为与异性交往困难，因单相思而苦恋、失

恋，陷入多角关系不能自拔，对性冲动的不良心理反应，对性自慰行为的过分自责，时常产生性幻想。

④"三观"认识方面。对人生意义的理解、人生价值的取向、人的本质的认识等问题产生消极的评价倾向，心理承受能力差，无法正确认识看待自身和周围事物，无法勇敢地接受挫折与考验，经不起批评、打击和失败，遇事便走极端。

⑤沾染"黄赌毒"。由于心智不成熟、交友不慎、猎奇心等原因，不慎沾染"黄赌毒"，荒废学业，深陷其中，触犯法律，对自己、他人、家庭和社会都构成严重的危害。

⑥网络成瘾。"网瘾"即互联网成瘾综合征，其特征为缺乏人际沟通和交往，将网络世界当作现实生活，脱离社会，与他人没有共同语言，从而出现孤独不安、情绪低落、思维迟钝、自我评价降低、沉

迷网络游戏等状况，严重的甚至有自杀或伤害他人的意念和行为。

⑦其他方面。其他如家庭关系、经济困乏、职业选择、个人发展方面，也常出现困惑和苦恼以及情绪的不稳定等情况。

（2）大学生如何培养健康的心理

1）树立正确的"三观"

"三观"即是世界观、人生观、价值观。通俗地讲，人生观是人这辈子应该怎么活，价值观是人这辈子什么才是最珍贵的，世界观是人对这个世界的根本看法。要明白自身的人生目标和追求，有一个明确的理想和切实可行的奋斗目标，在做出努力后，经常有达到目标后的成就感和欣慰感，从而感受到生活的乐趣，培养起良好的心态。多读跨专业的经典书籍，丰富自己的知识，陶冶自己的情操，培养自己多维度思考问题的能力。"世界那么大，我想去看看"，在条件允许、保证安全的情况下，多出去看美丽世界，开阔眼界、体验人生，建立更加全面、更加立体、更加真实的世界观。

2）建立自己的人际支持系统

大学是人际关系走向社会化的一个重要转折时期。良好的人际关系可以消除孤独感，获得安全感。大学的人际关系主要有师生之间、同学之间、同乡之间，以及个人与班级、学校之间的关系等，可以在这些交往过程中建立起自己丰富多样的人际支持系统。

3）培养自己的兴趣爱好

良好的兴趣爱好能够帮助自己排遣生活中遇到的不如意的事，比较容易转移视线和注意力，不致陷入苦闷而不能自拔。积极参加各种校内活动，开展形式多样的文艺和体育活动，丰富自己的课外生活，加强与人的沟通和交往能力，激发自己热爱生活、自强、自信的热情。

4）参与有益的社会实践

社会实践活动的意义在于让学生走出校园，迈向社会，走入人群中，锻炼独立自主的能力、与人合作沟通的能力等。亲社会行为可以很好地提升自尊、维持良好的自我感受。大学生应积极参加各种有意

义的社会实践活动，在学习之余走出校门，进入社会、了解社会，并逐渐适应社会。

5）找到对自己有效的心理调适法

所谓自我心理调适，就是自己根据自身发展及环境的需要对自己的心理进行控制调节，从而最大限度地发挥个人的潜力，维护心理平衡，消除心理困扰。大学生学会自我心理调适，能够帮助自己在择业遇到困难、挫折和心理冲突时，进行自我调节与控制，化解困境，排除困扰，改善心境。心理调适的方法有自我激励法、注意转移法、适度宣泄法（无破坏性的）、自我安慰法、非理性信念控制法等，找到对自己有效的方法可以帮助自己更好地度过挫折、消极时光。

（3）人际交往技巧

①记住别人的姓名，主动与人打招呼。

②举止行为大方得体，交往态度不卑不亢。

③广交朋友，交好朋友，求同存异、互学互补。

④真诚为本，不搞虚情假意、矫饰诈伪，不俯仰讨好位尊者，不藐视位卑者，显示自己的自信心，取得别人的信赖。

⑤互惠互利，交往双方都要讲付出和奉献。

⑥宽容克制，勇于承担自己的行为责任，"化干戈为玉帛"，赢得更多的朋友。

⑦培养幽默风趣的言行，活泼开朗的个性，注意说话的艺术，运用语言的魅力。

⑧努力让自己成为一个处事果断、富有主见、精神饱满、充满自信的人。

生活就像骑单车，
要保持平衡，
你必须不断前行，
努力蹬吧！

互动课堂

心理健康自测

你关心自己的心理健康状况吗？下面通过一个简单的心理自测可以检验，请诚实地作答。对以下40道题，如果感到"常常是"，画√号；"偶尔"是，画△号；"完全没有"，画×号。

1）平时不知为什么总觉得心慌意乱，坐立不安。

2）上床后，怎么也睡不着，即使睡着也容易惊醒。

3）常常做噩梦，惊恐不安，早晨醒来就感到倦怠无力、焦虑烦躁。

4）常常早醒1～2小时，醒后很难再入睡。

5）学习的压力常使自己感到非常烦躁，讨厌学习。

6）读书看报甚至在课堂上也不能专心一致，往往自己也搞不清在想什么。

7）遇到不称心的事情便较长时间地沉默少言。

8）感到很多事情不称心，无端发火。

9）哪怕是一件小事情，也总是很放不开，整日思索。

10）感到现实生活中没有什么事情能引起自己的乐趣，郁郁寡欢。

11）老师讲概念，常常听不懂，有时懂得快忘得也快。

12）遇到问题常常举棋不定，迟疑再三。

13）常常与人争吵发火，过后又后悔不已。

14）常常追悔自己做过的事，有负疚感。

15）一遇到考试，即使有准备也紧张焦虑。

16）一遇挫折，便心灰意冷，丧失信心。

17）非常害怕失败，行动前总是提心吊胆，畏首畏尾。

18）感情脆弱，稍不顺心，就暗自流泪。

19）自己瞧不起自己，觉得别人总在嘲笑自己。

20）喜欢跟自己年幼或能力不如自己的人一起玩或比赛。

21）感到没有人理解自己，烦闷时别人很难使自己高兴。

22）发现别人在窃窃私语，便怀疑是在背后议论自己。

23）对别人取得的成绩和荣誉常常表示怀疑，甚至嫉妒。

24）缺乏安全感，总觉得别人要加害自己。

25）参加春游等集体活动时，总有孤独感。

26）害怕见陌生人，人多时说话就脸红。

27）在黑夜行走或独自在家有恐惧感。

28）一旦离开父母，心里就不踏实。

29）常常怀疑自己接触的东西不干净，反复洗手或换衣服，对清洁极端注意。

30）担心是否锁门和可能着火，反复检查，常常躺在床上又起来确认，或刚一出门又返回检查。

31）站在常常有人自杀的场所、悬崖边、大厦顶、阳台上，有摇摇晃晃要跳下去的感觉。

32）对他人的疾病非常敏感，常常打听，深怕自己也身患同病。

33）对特定的事物、交通工具（电车、公共汽车等）、尖状物及白色墙壁等稍微奇怪的东西有恐怖倾向。

34）常常怀疑自己发育不良。

35）一旦与异性交往就脸红心慌或想入非非。

36）对某个异性的伙伴的每一个细微行为都很注意。

37）怀疑自己患了癌症等严重不治之症，反复看医书或去医院检查。

38）常常无端头痛，并依赖止痛或镇静药。

39）常常有离家出走或脱离集体的想法。

40）感到内心痛苦无法解脱，只能自伤或自杀。

测评答案：

√得2分，△得1分，×得0分。

评价参考：

1）0～8分。心理非常健康，请你放心。

2）9～16分。大致还属于健康的范围，但应有所注意，也可以找老师或同学聊聊。

3）17～30分。你在心理方面有了一些障碍，应采取适当的方法进行调适，或找心理辅导老师帮助你。

4）31～40分。是黄牌警告，有可能患了某些心理疾病，应找专门的心理医生进行检查治疗。

5）41分以上。有较严重的心理障碍，应及时找专门的心理医生治疗。

安全箴言

梦想是我们行动的起跑线，知识是我们前进的加速器，坚持是我们不停的步伐，智慧是我们成功的法宝。

不浪费时间，唯有珍惜光阴，才能提升生命的质量。凡事都要脚踏实地去做，不驰于空想，不骛于虚声，而唯以求真的态度做踏实的工夫。以此态度求学，则真理可明，以此态度做事，则功业可就。

我们不能改变这个世界，但我们能改变自己。

生命拥有比我们想象更大的空间，可以容纳更多不同的东西。

……

第九章 教学实践活动安全

第一节 实验室安全

★ 案例导读

2018 年 12 月 26 日 9 时 34 分，119 指挥中心接到海淀区北京交通大学东校区 2 号楼起火的报警，经核实，现场为 2 号楼实验室内学生进行垃圾渗滤液污水处理科研试验时发生爆炸。事故起因为在使用搅拌机对镁粉和磷酸搅拌、反应过程中产生火花，引发镁粉粉尘云爆炸，引起周边镁粉和其他可燃物燃烧，造成现场 3 名学生死亡。事故调查组认定，北京交通大学有关人员违规开展试验、冒险作业；违规购买、违法储存危险化学品；对实验室和科研项目安全管理不到位。公安机关对直接责任人依法立案侦查，追究刑事责任。其他责任人被给予不同程度的党纪、政纪处分。

知识广角

实验室事故频发的原因

高校实验室安全事故频发的原因具有多样性，其主要是因为高校实验室体量大、种类多、安全隐患分布广，包括危化品、病原微生物、辐射源等重大危险源，而实验又具有探索性，受人、机、料、法、环等

实验室安全

因素影响，导致安全风险具有累加效应。根据统计，各类实验室中以化学类实验室的风险最高，主要表现为：实验室人员操作失误、实验室设备故障或老化、乱拉电线、易燃易爆化学品过量储存、可燃性和助燃性气体钢瓶混放、夜间实验且无人值守等。

若实验室发生安全事故，其后果的严重程度不言而喻。

具体而言，主观原因：不少实验室事故，是因为参加实验的学生不按流程规范操作，或者顺序混淆、操作失误导致的。例如配制溶液时，错将水往浓硫酸里倒，或者配制浓的氢氧化钠时，未按规定等冷却就把瓶塞塞住摇动，往往会发生爆炸。客观原因：设备老化、设备故障失灵也是致使实验室发生事故的一环，各种电器设备在开、关和短路时往往产生火花，与易燃气体接触以后，极易发生火灾。例如国内某大学的化学实验室发生冰箱爆炸且引起着火，幸好扑救及时，未造成大的损失。事后查明，这是因为实验室冰箱年代久远，电路出现故障，引起冰箱内的易燃溶剂产生爆炸。

防范应对课堂

（1）实验室火灾预防

①参加实验的学生在实验前要认真检查实验设备的安全性能状况，发现电线及设备存在故障时，应及时报告老师。

②进入实验室应严格遵守实验室管理规定，不得违规在实验室内吸烟或使用电器；不要将与实验无关的物品带进实验室。

③实验操作时应精力集中，尤其是使用易燃易爆物品时要细心谨慎，实验结束前学生不得擅自离岗。

④实验室严禁使用非工作用电炉或其他明火。若实验需要使用，必须远离可燃物和易燃易爆化学物品，使用过程中时刻注意消防安全，停电或停用后及时切断电源。

⑤实验结束后，参加实验的同学不要急于离开实验室，要对实验室进行全面清理，如关闭电源、水源、气源，处理残存的化学物品，清扫易燃的纸屑等杂物，消除火灾隐患。

⑥了解实验室灭火器材的种类、存放位置和使用方法，一旦实验室发生火灾，在报警的同时，立即使用灭火器材灭火。熟悉实验室的安全通道，以便发生大火时能迅速逃生。

（2）实验室触电预防

①实验前，仔细检查线路是否符合安全用电的规范要求，要对各种移动电具和线路认真检查，确保绝缘良好，发现问题应及时向老师汇报。

②不用湿手操作各种电器开关或触摸各种电器，实验所用的电工工具应有良好的绝缘手柄。最好穿胶底鞋进入实验室。

③不能用铝、铁、铜质导线代替保险丝，不能使用超过规定的保险丝。

④实验结束后，将所有电源插座拔掉。

（3）实验室爆炸预防

①了解爆炸物的性能。在接触爆炸物之前，必须熟练掌握爆炸物的基本性能，如在什么条件下会发生爆炸、爆炸的威力有多大、爆炸可能产生的后果有多大等。

②在与爆炸物品接触时，要做到"7防"：防止可燃气体或粉尘与空气混合；防止明火；防止摩擦和撞击；防止电火花；防止静电放电；防止雷击；防止化学反应。

③严格遵守各项法律、法规和规章制度。国家有关部门对于爆炸物的使用、管理、运输均有严格规定。学校实验室也有相应的规章制度。如"实验剩余的爆炸物，必须如实上交，不得私拿、私用；不允许私带、私藏、转让、转卖、转借爆炸品"等，同学们必须严格遵守相关规定。

④实验常常是分组进行，几个同学共同操作，同组成员之间协调行动，听从统一指挥，恪守自己的职责，严格按操作规程进行操作。

⑤发现丢失爆炸品或有违反关于爆炸品管理规定的行为，同学们不要自行处理，更不能听之任之，必须及时报告老师，便于组织上采取措施，及时消除安全隐患。

（4）实验室中毒预防

①必须掌握药品的化学性能，充分认识其危害性，严格按照规定领取药品数量，绝不能私自存放化学药品和剧毒物品。

②需穿防护服装、戴防毒面具的实验必须严格按要求穿戴。

③严禁将食物带进有毒物品的实验室。避免各种有毒物品侵入皮肤、呼吸系统和消化系统。

④有毒药品的使用要严格按规定操作，如有洒落，应立即按照科学方法处理。接触过有毒药品的手应立即清洗干净。

⑤保持实验过程中的通风、排气。切不可在通风条件不好的环境中进行有毒实验。有强刺激或有毒烟雾的实验必须在通风橱内进行。特别提醒在用水银做实验时，防止水银蒸气中毒。

⑥实验结束后。将实验中产生的废液、废渣等妥善处理，不随意排放。必须排放的，应按照国家和环保部门规定的标准经过净化处理，使有害物质的浓度降到规定范围。

互动课堂

如果开展一次实验室安全自查，你认为应该检查哪些内容？

第二节　实习安全

★ 案例导读

职校生王某与李某在实习期间，被安排使用油压机压制一批铁板成型。带班师傅对他们讲解了要求，且对他们进行了安全教育和注意事项提醒。王某和李某做了一会儿后，觉得一人操作一人监护，完全没有必要，于是两人悄悄分工，王某负责入料，在放好料后通知李某，李某得到王某的指令后操作把手冲压。几次之后，两人觉得熟练了，思想开始放松警惕。一次王某在放料时，李某在与旁边的同学小声炫耀二人的分工杰作，未听清王某的指令就操作了压杆，王某的手被铁板下胎膜击伤，造成骨折。

知识广角

实习协议的内容

实习协议一般包括以下内容。①基本信息：包括协议双方的必要资料，如实习生姓名、证件号码、单位名称，最好要有实习生的联系地址，单位的法定代表人和联系地址。②工作内容：实习生到雇佣单位，往往缺乏经验，难以做一些技术含量高的工作。雇佣单位难免将一些打杂的活交给实习生完成。事先约定清楚，让实习生心里有个准备。③报酬：在具体的权利义务条款中要落实实习是否有报酬。有些实习是没有报酬的，如果提供报酬，实习协议上必须明确约定报酬的标准和支付方式。实习生在签署协议时对此有异议的，一定要提出反对意见。④意外风险：实习生在工作中间，如果损坏了一些贵重物品该如何处理，如果因过错导致损失了重要的业务收入，该如何处理。此外，如果实习生在雇佣活动中，发生人身伤害，特别是造成严重后果的伤害，其责任该由哪方来承担。在默认情况下，雇佣单位要承担法律责任。

防范应对课堂

（1）金工实习安全注意事项

①生产实习过程中，一定要听从实习教师的指导，严格遵守实习单位的规章制度。

②进生产车间实习应穿工作服，戴安全帽，穿胶鞋或运动鞋。不能穿拖鞋、高跟鞋。女同学应将头发放在安全帽里面。

③跟班实习，应勤看、多问，严禁私自动手操作设备开关、按钮等。工作期间，全神贯注，切不可一边操作一边嬉戏打闹。

④严格遵守各工种工作人员及机械安全操作规程。不要靠近高速运转的设备部件，尤其不要站在该部件运转的同一平面内。

⑤严禁在危险场所停留。未经指导老师允许，不得到与实习工作无关的场所活动；不要在污染严重、不利于身心健康的环境逗留；不要在车间内组织与实习工作无关的各类活动。

（2）校外实习安全注意事项

①定期与教师通过短信、电话、E-mail、QQ 等形式保持联系。

②严格遵守工作纪律，坚持做到不迟到、不早退、不串岗、不脱

岗，顶岗工作期间不办私事，工作之余不私自外出，遇事请假。

　　③加强安全防范意识，注意交通安全、防触电、防溺水、防中毒、防雷电。

　　④严格遵守岗位操作规程和安全管理制度，严防机械事故、人身伤亡事故等工作责任事故及人身安全事故的发生。

　　⑤在实习期间，严禁下江、河、湖泊、水塘等游泳；严禁工作时间酗酒、吸烟；严禁乘坐无保险的私人营运车辆，严禁违反学校和单位的有关安全制度。

　　⑥实习过程中，严格检查设备和场地，凡发现不符合安全生产要求，有进入危险厂房、接触危险设备、进入危险场地可能的，学生应及时向实习指导教师反映，有权停止操作，待检查合格后再进行操作。

　　⑦不轻信他人花言巧语，擦亮眼睛、提高警惕，树立防范意识，避免加入传销组织，遇事及时跟学院或家长联系，谨防上当受骗。

　　⑧遵守国家法律、校纪校规及实习单位规章制度，并服从单位的管理和工作安排，虚心好学，遵守职业道德，接受实习单位的考核，尊重实习单位的领导和员工。

⑨实习期间，未经批准，不得擅自离开实习单位，实习中途变更实习单位的需经实习单位同意并及时通知班主任或指导老师。

互动课堂

组织开展一次大学生实习安全教育主题班会。

第三节　兼职安全

★ 案例导读

湖南某大学学生吴某在赶集网上看到家教信息，在与发布信息的家长取得联系后，对方称请吴某去一家高档饭店吃饭，边吃边聊家教问题。涉世未深的吴某没有多想，中午赴约。对方点了一桌酒菜之后，中途借口去卫生间不辞而别，临走还捎了几条名贵香烟，留下一直等待的吴某和"天价"未付的账单。

知识广角

大学生兼职陷阱

①陷阱一——骗中介费：社会上一些中介机构，名义上为大学生提供兼职机会，但是实际上一旦收到中介费，那你的"兼职"就很有可能遥遥无期，或者你等来的只是做"托"的单位，你会自己选择放弃这个"兼职"机会。

②陷阱二——收押金：一些用人单位在招人时，往往会变相收取一定的押金或者收取身份证、学生证作为抵押物。

③陷阱三——保证金：一些不法单位在招聘时往往会以优于市

场的报酬来吸引涉世不深的大学生，要求职者先交一定的保证金或者如资料费、服装费等方可上班。但在学生交完钱后，又以各种理由让学生先回去等消息，然后无果。

④陷阱四——骗培训费：一些单位要求应聘大学生先培训后上岗，但需要大学生付培训费，很多大学生在付完培训费后连培训班都没有上到，再联系单位已经联系不到了。

⑤陷阱五——拖欠费用：一些不法单位先以高薪诱惑大学生做兼职，等做完以后，大学生却迟迟领不到报酬。

⑥陷阱六——骗色：一般类似KTV工作、侍者、伴游等有可能是不正当交易，大学生千万不要以身犯险。

⑦陷阱七——传销骗人：你是否接到过类似这种电话？以世界五百强的名义招聘销售人员，前提是要去外地经过1～2个月的培训后方能入职。一旦你到达了所谓的"培训地点"，要想出来就必须交钱，或者如法炮制再去骗其他人。

防范应对课堂

（1）兼职打工安全注意事项

①警惕中介诈骗。

②确认用工单位的合法性。

③不轻易交纳任何押金。

④不抵押任何证件。

⑤防止陷入传销陷阱。

⑥不到娱乐场所工作。

⑦不做高危工作。

⑧要签订劳务协议。

⑨提防网上欺骗。

（2）家教安全注意事项

①通过正规渠道，寻找"合法中介"。

②切勿因求职心切而降低自我保护。

③初次见面要"谨小慎微"。第一次和雇主见面，要选择白天，且自己比较熟悉的公共场合，最好约同学陪同前往。

④坚持试讲。

⑤合理安排家教时间。

⑥合理选择家教地点。不去偏僻或离学校较远的地方做家教。在不了解对方之前，不轻易跟着雇主到其家中或到其指定的地方。

⑦不在学生家里吃饭或喝任何饮料，不接受雇主单独赠送的礼物，不和家长外出吃饭。

互动课堂

如果你遭遇兼职被骗，应该怎么办呢？

第四节　境外交流安全

★ 案例导读

2017年6月9日下午2时左右，伊利诺伊大学中国访问学者章莹颖坐上一辆由白人男子驾驶的汽车之后失踪。6月30日，警方逮捕了同校物理系学生克里斯腾森，宣布他绑架并杀害了章莹颖。他被判处终身监禁不得缓刑。章莹颖的遗骸至今没有找到。

知识广角

留学生安全问题频发的原因

首先，国情不同，留学生所面临的安全问题与国内是不一样的。

在我国，政府对枪支、毒品等有着严格的管制，所以，人们可以比较少地考虑这个层面的培训和安全教育，抢劫和绑架事件也少，人们没有这方面的担忧；其次，学生的生活环境不同，在国内，各方面由家长来照顾，或者提供安全参考，但在国外，留学生们则只能依靠自己，生活经验不足，遇到问题自然处理起来没有经验；最后，受文化冲突等方面的影响，留学生们面临着很多的生活难题和心理安全问题。除以上原因外，家长不重视安全教育也是必须正视的问题。

防范应对课堂

（1）境外交流安全注意事项

①钱财勿外露。勿将在国内出手阔绰的不好习惯带到国外去，以免令歹徒生觊觎之念。出门在外，应谦虚务实，以确保人身安全。

②尽量不要晚上在外面逗留太晚。尽量利用白天时间熟悉周边环

境，最好随身携带所在地的街道图。

③随时注意自己的安全。尽可能与朋友一起出门。除非必要，不要单独行动。

④随身携带手机以方便联络并牢记该国紧急求救电话，如美国紧急求救号码为 911（可联系救火车、救护车及警察局）。

⑤在任何地方，都不要轻易相信他人，谨慎选择网约车和共享交通工具，并保持警惕。

⑥出门在外，至少让 1 位朋友知道自己的位置。

（2）留学生租房居家安全注意事项

①租房应通过有资质的中介公司寻找房源，并在租房前进行实地考察，切勿因租金和位置原因而忽视周边治安环境问题。合租时应慎重选择室友，避免与社会关系和人际关系复杂的人合租。

②勿随便开门。若为陌生人或自称修理人员等，即便有约在先，都应要求来者出示识别证件（ID），确认无误后方可开门。

③若遇推销员，可婉拒。勿因来者为女性或老人、孩子而减少戒心。

④若有外人至屋内修理东西，最好有朋友陪伴，或告知邻居、房东。

⑤外出、夜间就寝前，应检视燃气开关、所有门窗是否上锁。

⑥遇可疑人物、车子或情况，应通知警方，切勿好奇介入。

互动课堂

如何在境外交流学习的过程中保障自身安全？

参考文献

［1］国家减灾委员会，中华人民共和国民政部.全民防灾应急手册［M］.北京：科学出版社，2009.

［2］刘盛，刘明洁.消防安全知识教育读本［M］.北京：中国法制出版社，2009.

［3］李俊生，多俊岗.大学生安全教育［M］.重庆：重庆大学出版社，2016.

［4］中国高等教育学会保卫学专业委员会.大学生安全实用知识［M］.3版.武汉：华中师范大学出版社，2000.

［5］中共北京市委教育工作委员会，北京高教学会保卫学研究会.大学生安全知识［M］.3版.北京：机械工业出版社，2011.

［6］赖春麟，熊大冶.大学生安全教育［M］.修订版.北京：北京邮电大学出版社，2016.

［7］陈忠林.刑法学［M］.北京：法律出版社，2006.

［8］张绍彦.犯罪学教科书［M］.北京：法律出版社，2000.

［9］吴超.大学生安全文化［M］.北京：机械工业出版社，2005.

［10］黄士力.大学生安全教育案例评析［M］.宁波：宁波出版社，2007.

［11］颜小冬.当代大学生犯罪问题研究［M］.北京：中国检察出版社，2004.

［12］王大伟.王大伟自救手册［M］.北京：中央编译出版社，2010.

［13］北京大学保卫部.大学生安全知识［M］.北京：机械工业出版社，2011.

［14］李国防.消防安全培训教程［M］.北京：中国人民公安大学出版社，2009.

［15］中国红十字总会.灾害救援预防手册［M］.北京：社会科学文献出版社，2010.

［16］王丽坤.大学生安全教育［M］.武汉：武汉理工大学出版社，2009.

［17］冯建立.大学生伤害事故预防与处理［M］.北京：科学出版社，2009.

［18］裴岩.防骗［M］.北京：中国社会出版社，2008.

［19］裴岩.公共场所安全防范［M］.北京：中国社会出版社，2008.

［20］教育部保密委员会办公室.高等学校保密知识手册［M］.北京：金城出版社，2010.

［21］郑恒毅，王健卉.高校群体性突发事件的成因及处置［J］.重庆大学学报（社会科学版），2005，11（5）：84-86.

［22］郑恒毅，王健卉，李学静.高校网络舆情安全硬件保障体系研究［J］.西南农业大学学报（社会科学版），2008，6（1）：220-224.

［23］吴允锋.建立校园暴力应急处理机制的若干思考［J］.青少年犯罪问题，2009（3）：24-29.

［24］中国消防协会.消防安全技术实务（2018年版）［M］.北京：中国人事出版社，2018.

［25］刘义光.字里藏安［M］.石家庄：花山文艺出版社，2024.